会计电算化

主　编　段全虎　马鸿燕　安玉琴
副主编　姜秀峰

北京理工大学出版社
BEIJING INSTITUTE OF TECHNOLOGY PRESS

版权专有 侵权必究

图书在版编目（CIP）数据

会计电算化/段全虎，马鸿燕，安玉琴主编.—北京：北京理工大学出版社，2023.7 重印
ISBN 978-7-5682-7043-4

Ⅰ.①会… Ⅱ.①段… ②马… ③安… Ⅲ.①会计电算化–中等专业学校–教材 Ⅳ.①F232

中国版本图书馆CIP数据核字（2019）第090381号

出版发行 / 北京理工大学出版社有限责任公司
社　　址 / 北京市海淀区中关村南大街 5 号
邮　　编 / 100081
电　　话 /（010）68914775（总编室）
　　　　　（010）82562903（教材售后服务热线）
　　　　　（010）68944723（其他图书服务热线）
网　　址 / http://www.bitpress.com.cn
经　　销 / 全国各地新华书店
印　　刷 / 定州市新华印刷有限公司
开　　本 / 787 毫米 × 1092 毫米　1/16
印　　张 / 15　　　　　　　　　　　　　　　责任编辑 / 张荣君
字　　数 / 341 千字　　　　　　　　　　　　文案编辑 / 代义国
版　　次 / 2023 年 7 月第 1 版第 2 次印刷　　责任校对 / 周瑞红
定　　价 / 36.00 元　　　　　　　　　　　　责任印制 / 边心超

图书出现印装质量问题，请拨打售后服务热线，本社负责调换

在这个信息技术日新月异的时代,为推进教育数字化,实现我国建成现代化经济体系,形成新发展格局,基本实现新型工业化、信息化、城镇化、农业现代化发展的总体目标。党的二十大报告中指出:"教育是国之大计、党之大计。培养什么人、怎样培养人、为谁培养人是教育的根本问题。"培养大批既懂会计,又能熟练进行财务软件操作,并具备信息化管理理念的会计电算化人才已成为会计人才培养的目标之一。会计电算化是一门实用性很强的课程,所以我们在编写教材时,根据会计电算化的工作需要设计了相关任务,并立足于中职,采用以能力为培养目标的教学模式,强调过程操作和技能训练。同学们在使用本书时建议用"学做练一体"的模式学习,学练交替、循环渐进,以巩固对会计电算化知识的理解。

本书采用实务教学,贴近企业会计实践,根据会计电算化的相应岗位设计了相应的工作任务,教师在教学过程中应引导学生完成相应工作任务。上机实验是本课程的重要环节,是区别于其他会计专业课程的标志,建议任课教师采用1∶1的课时比例来安排课堂讲授和实验室上机操作,以提高学生的实践能力和就业能力。对学生的考核应该采取平时成绩和期末成绩相结合、过程考核和结果考核相结合的模式。

本书是在我国职业教育快速发展和财务软件渐趋成熟的大背景下编写而成的,职业教育的"工作过程系统化"课程设计理念为本书的编写提供了清晰的思路,先进的财务软件设计成为教材编写的实践平台,使本书的编写具备了以下几个特点:

第一,以软件为核心,侧重技能培养。

本书以用友 ERP-U8V10.1 为平台,系统介绍了会计电算化环境下总账会计岗位、出纳岗位、薪资岗位和固定资产岗位的相应工作任务,内容全面,有利于提高学生的职业技能。

第二,以理论为支撑,侧重理论实践一体化。

编者在编写本书的过程中,理论以够用为度,并将基本理论融合在财务软件的运用与操作中,实现了理论与实践的有机结合。

全书分为两部分,前面以实践操作案例分级讲解,后面在附录中将案例归纳总结,对操作重难点逐一列示,供学生进行系统训练。

第三,以任务为驱动,工作过程系统化。

本书按照财务软件的模块进行编写,并图文并茂地展示财务软件的运用与操作过程,通俗易懂。

前言

第四,以就业为导向,提高职场能力。

本书围绕会计电算化基本原理、会计软件基本操作加以介绍与阐述,力图从会计业务人员的视角出发,对会计电算化进行全面的分析,从而培养和增强学生分析问题、解决问题的能力。

第五,以"引思"为"明理",培养职业素养。

本书各项目均设有"引思明理"栏目,在培养学生应用新知识、新技术解决问题的同时,塑造学生形成正确的价值观,具备良好的人格品质。

本书既可作为各类中职院校、成人教育的专门教材,也可作为会计电算化上岗培训、在职人员自学考试的参考用书。

在编写本书的过程中,我们参考了用友软件的使用说明,并得到了众多会计实务者的热情帮助,在此表示感谢。限于时间和经验,书中难免存在疏漏之处,我们真诚希望读者能够对本书的不足之处给予批评指正。

编 者

目录 CONTENTS

项目一 会计电算化概述 1
　任务一　会计电算化的概念及其特征 2
　任务二　会计软件的配备方式及其运行环境 5
　任务三　用友 ERP-U8 管理软件介绍 8

项目二 系统管理 10
　任务一　系统管理概述 11
　任务二　系统管理应用 13

项目三 基础设置 35
　任务一　认知基础设置 36
　任务二　基础设置操作 37

项目四 总账子系统 67
　任务一　认知总账子系统 69
　任务二　总账子系统的初始设置 71
　任务三　总账子系统的日常处理 81
　任务四　总账子系统的期末处理 102

项目五 报表管理子系统 113
　任务一　认知报表管理子系统 115

目录

  任务二 报表的编制 ············ 117
  任务三 报表数据分析 ··········· 127
  任务四 报表数据输出 ··········· 128

项目六 薪资管理子系统 ········· 130

  任务一 认知薪资管理子系统 ········ 132
  任务二 薪资管理子系统的初始设置 ····· 134
  任务三 薪资管理子系统的日常处理 ····· 152
  任务四 薪资管理子系统的期末处理 ····· 162

项目七 固定资产管理子系统 ······ 173

  任务一 认知固定资产管理子系统 ······ 175
  任务二 固定资产管理子系统的初始设置 ··· 177
  任务三 固定资产管理子系统的日常处理 ··· 190
  任务四 固定资产管理子系统的期末处理 ··· 202

附录一 常见操作问题答疑 ········ 205

附录二 理论思考 ············· 206

附录三 实训操作练习 ··········· 217

参考文献 ················· 233

项目一

会计电算化概述

知识目标

- 了解会计电算化概念。
- 了解会计电算化的特征。
- 了解会计软件的运行环境。
- 了解用友 ERP-U8 管理软件的系统结构。

技能目标

- 掌握会计软件的配备方式。
- 掌握用友 ERP-U8 管理软件的运行次序。

知识导图

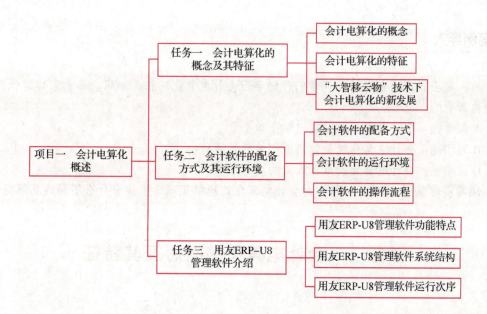

引思明理

财务数字化是推动企业整体数字化转型的切入点

企业如何做到数字化转型？首先就是要做到财务的数字化，让它真正成为企业全面数字化的切入点。回顾企业电算化、信息化、数字化的历史进程，财务在每一次转型过程中都扮演着重要的角色。无论是会计电算化，还是ERP普及运动，财务部都是推动企业全面转型的发动机，是企业优化升级的重要抓手。这一方面是因为财务系统上接企业高管，下接每位员工，左接采购运营，右接营销服务，前接核算报表，后接分析决策，财务系统本身具备的连接各个部门、所有业务和管理流程的特性和立体数据结构，是引领企业在各个层级进行全面数字化的天然优势；另一方面，财务管理是企业管理的生命线，几乎所有企业管理水平和竞争能力都体现以财务数据为核心。财务系统掌握着企业大量核心数据，而数据是企业数字化的核心要素。从这个视角来看，财务系统承担着引领企业全面走向数字化的重要职责。我们发现，当前越来越多的大型企业选择以财务为先导，通过构建财务共享中心，打通企业内外，实现业财深度融合，实现财务数字化，并向全业务数字化延伸，企业不仅能基于新一代的财务共享连接内外，开展在线化、自动化的核算，还能开展高价值的财务分析、经营决策、预算管理、风险管控，从而更高效的发挥数据价值，最终推动企业整体数字化转型的实现。

【启示】

作为新时代的财务人员，要求我们不仅要具有专业的财会知识，还要具备良好的数据思维和数据分析的能力。我们要与时俱进，及时更新知识储备，了解新技术，了解国家发展新阶段的历史使命，主动应变，积极求变，以开放创新的思维，积极拥抱新技术，助力企业的数字化转型和数字中国战略的落实。

案例导入

有一定会计理论基础后，同学们开始学习会计电算化的相关知识。那大家知道什么是会计电算化吗？

A 同学说：会计电算化就是在电脑上做会计。
B 同学说：会计电算化就是使用专门的软件进行会计工作。
C 同学说：会计电算化就是非人工的会计工作。
思考：你觉得ABC三位同学对会计电算化的理解正确吗？你有什么不同的见解呢？

任务一　会计电算化的概念及其特征

一、会计电算化的概念

"会计电算化"一词是1981年8月财政部和中国会计学会在长春召开的"财务、会计、成本应用电子计算机专题讨论会"上由王景新教授正式提出来的。在当时，它是"电子计算机在会计工作中应用"的简称。随着会计电算化事业的发展，会计电算化的含义得到了进一步的延伸。现在，凡是与计算机信息技术在会计中应用有关的所有工作都成为会计电算化的重要内容，包括会计电算化的组织、规划、实施、管理、人员培训、制度建立、计算机审计等。因此，会计电算化的含义有狭义和广义之分。狭义的会计电算化是指以电子计算机为主体的电子信息技术在会计工作中的应用。广义的会计电算化是指与实现会计电算化有关的所有工作，包括会计软件的开发应用及其软件市场的培育、会计电算化人才的培养、会计电算化的宏观规划和管理、会计电算化制度建设等。实现会计电算化，把会计工作的重点从事后记账、算账转移到事前预测、决策、事中监督控制中来，对我国经济的发展和企业管理水平的提高都具有十分重要的意义。

会计电算化的产生，不仅带来了会计数据处理手段的变革，也对会计理论和实务工作产生了深远的影响。它的研究对象是如何利用电子计算机信息处理技术进行会计核算、会计管理、会计辅助决策及相关的所有工作。它的主要任务是研究如何在会计中应用电子计算机及分析其对会计理论的影响。它的目的是通过核算手段的现代化应用，更好地发挥会计参与管理和决策的作用和职能，提高现代化管理水平。目前的会计电算化已经成为一门融会会计学、管理学、计算机科学以及信息科学为一体的交互学科。

二、会计电算化的特征

与手工会计处理方式相比，会计电算化不仅具有电子计算机具备的如运算速度快、自动化程度高、计算精度高、存储量大、适应性强、有"记忆"和逻辑判断能力等一般特点，还具有以下特征：

（一）人机结合

在会计电算化中，由会计人员填制完成电子会计凭证并审核后，执行"记账"功能，计算机将根据程序和指令在极短的时间内自动完成会计数据的分类、汇总、计算、传递及报告等工作。这样就避免了手工会计处理方式中常会出现的、由于同一数据的大量重复转抄导致的账证不符、账账不符的现象。由此看出，虽然许多会计核算工作基本实现了自动化，但对于数据的收集、审核、输入及指令的处理等工作还仍需由人工完成。

（二）会计核算自动化、集中化

计算机网络在会计电算化中的广泛应用，使得会计核算实现了自动化和集中化。会计核算自动化体现在，会计电算化方式下，如试算平衡、登记账簿等以往依靠人工完成的工作，现在都由计算机自动完成。这样将会大大减轻会计人员的工作负担，提高工作效率。其集中化体现在，企业能将分散的数据统一汇总到会计软件中进行集中处理，既提高了数据汇总的速度，又增强了企业集中管控的能力。

（三）数据处理及时准确

会计电算化利用计算机处理会计数据，可以在较短的时间内完成会计数据的分类、汇总、计算、传递和报告等工作,使会计处理流程更为简便,核算结果更为精确。此外,会计软件运用适当的处理程序和逻辑控制,能够避免在手工会计处理方式下出现的一些错误。

(四) 内部控制多样化

在会计电算化方式下,与会计工作相关的内部控制制度也将发生明显的变化。内部控制由过去的纯粹人工控制,发展为人工与计算机相结合的控制形式。会计电算化环境下的人工控制和软件控制共存,使内部控制的内容更加丰富,范围更加广泛,要求更加严格,实施更加有效。

三、"大智移云物"技术下会计电算化的新发展

"大智移云物",即大数据、人工智能、移动互联网、云计算和物联网等数字技术的快速发展,促使各行各业都逐步进入了一个万物互联、开放共享的智能时代。财务数字化一直被认为是企业数字化转型的重要突破口。尤其是随着机器人流程自动化(Robotic Process Automation,RPA)的出现,同时伴随着财务共享中心的有效使用,很多企业都实现了财务专业化、标准化、流程化和信息化。通过业务财务深度融合,多维度支持企业经营发展。通过战略财务,用数据为管理层决策提供有用信息。同时,随着云计算、流程机器人、可视化、高级分析、区块链等新技术在财务中的不断应用,逐步实现业财融合、数据驱动决策的终极目标,帮助企业完成财务转型、构建数字财务。

(一) 云会计

随着云计算和大数据技术的日渐成熟,使云会计逐渐成为现实。云会计即云计算环境下的会计工作。云计算在企业财务中的应用,有效的推动了会计电算化和会计信息化的发展。在传统意义上,企业会将自己购买的会计软件视作一项产品,并将其安装于电脑操作系统中。而云会计软件的出现,信息系统的进入和管理理念都发生了变革。在云会计框架下,会计信息通过网络导入,企业通过线上服务提供商购买到的是会计软件的使用权,而非所有权。作为现代企业财务管理信息化的"利器",云会计的显著优势在于远程操控。在云会计环境下,会计信息共享在"云端",通过手机、平板和电脑等终端,会计人可以随时随地对会计业务进行处理,大大提高了会计人的工作效率;企业管理者可以实时通过财务信息与非财务信息融合后的挖掘分析,对企业的经营风险进行全面、系统地预测、识别、控制和应对,实现企业对市场变化的柔性适应。

(二) 财务机器人

RPA 的全称为机器人流程自动化(Robotic Process Automation),主要的功能就是将工作信息与业务交互通过机器人来按照自先设计的流程去执行。这样如果当工作信息与业务交互过多时,RPA 就可以高效解决这些复杂的流程,节约人工成本。如今,RPA 已成为当今应用最为广泛、效果最为显著、成熟度较高的智能化软件。而财务机器人是 RPA 在财务领域的具体应用,针对财务的业务内容和流程特点,以自动化替代手工操作,辅助财务人员完成大量的、重复性高的、易于标准化的基础业务,从而优化财务流程,提高业务处理效率和质量,降低财务风险,节约人力成本、实时流程监测以及提高数据安全性。但财务机器人也存在一定的局限性,比如无法处理异常事件、运营保障要求高、需要不断跟踪优化机制等。

(三) 财务共享服务中心

财务共享服务中心(Finance Shared Service Center)是近年来出现并流行起来的会计和

报告业务管理方式。它的是将不同国家、地点的实体的会计业务拿到一个SSC（共享服务中心）来记帐和报告，通过将标准化的运营业务进行整合、流程再造，来提高管理效率，压缩成本，为企业管理服务提供全球范围企业资源最优配置的可能。但不是所有的企业或企业集团都适合采用财务共享服务中心运作模式。从公司规模上说，财务共享服务中心主要适用于大型的跨国企业、跨地域企业或企业集团，如果将各业务单位的非核心业务整合到财务共享服务中心，可以大大减少业务人员数量，降低人力成本，同时各业务单位的业务通过整合后有利于快速统一服务标准、行为方式和业务规则等。随着自动化、智能化技术的突破和产业应用，财务共享的职能和价值正在发生巨变。通过重塑管材边界、业财边界和人机边界，财务共享中心从过去服务于企业内部基于财务制度、财务准则的流程，扩展到服务于更多的业务伙伴，创造业务价值。财务共享中心逐步蜕变为全面财务业务处理中心、控制策略管理中心、经营核算报告中心和业财数据融合中心。

任务二　会计软件的配备方式及其运行环境

一、会计软件的配备方式

实行会计电算化的基础是配备会计软件。会计软件的选择对会计电算化的成败起着关键作用。企业配备会计软件的方式主要有以下几种：

1. 购买通用会计软件

通用会计软件是指软件公司为会计工作而专门设计开发，并以产品形式投入市场的应用软件。企业作为用户，付款购买即可获得软件的使用、维护、升级以及人员培训等服务。

2. 自行开发

自行开发是指企业自行组织人员进行会计软件开发。这样的会计软件可以针对企业的需要，避免了通用软件在功能上与企业需求不能完全匹配的不足。

3. 委托外部单位开发

委托外部单位开发是指企业通过委托外部单位进行会计软件开发。

4. 企业与外部单位联合开发

企业与外部单位联合开发是指企业联合外部单位进行软件开发，由本单位财务部门和网络信息部门进行系统分析，外部单位负责系统设计和程序开发工作，开发完成后，对系统的重大修改由网络信息部门负责，日常维护工作由财务部门负责。

二、会计软件的运行环境

(一) 会计软件的硬件环境

计算机是可以存储、检索和操纵数据的电子设备。一个完整的计算机系统由硬件系统和软件系统两大部分组成。硬件系统是指组成一台计算机的各种物理装置，它们由各种具体的物理器件组成，是计算机进行工作的物质基础。例如，计算机的处理器芯片、存储器芯片、底板、各类扩充板卡、机箱、键盘、鼠标、显示器等都是计算机硬件。

(二) 会计软件的软件环境

计算机软件分为系统软件和应用软件两大类。系统软件是用来控制计算机运行，管理计算机的各种资源，并为应用软件提供支持和服务的一类软件。系统软件通常包括操作系统、数据库管理系统、支撑软件和语言处理程序等。而应用软件是在硬件和系统软件支持下，为解决各类具体应用问题而专门设计的软件。常见的有：文字处理软件（Word、WPS），表格处理软件（Excel），辅助设计软件（CAD），实时控制软件。会计软件就是基于数据库系统的应用软件。

计算机软件系统组成如图1-1所示。

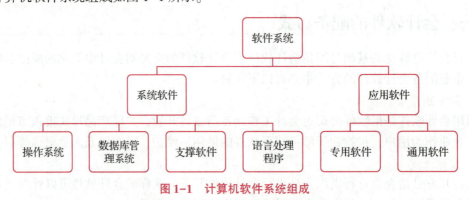

图1-1 计算机软件系统组成

(三) 会计软件的网络环境

1. 服务器

服务器，也称伺服器，是网络环境中的高性能计算机，它侦听网络上的其他计算机（客户机）提交的服务请求，并提供相应的服务，控制客户端计算机对网络资源的访问，并能存储、处理网络上大部分的会计数据和信息。服务器的性能必须适应会计软件的运行要求，其硬件配置一般高于普通客户机。

2. 客户机

客户机又称为用户工作站，是连接到服务器的计算机，能够享受服务器提供的各种资源和服务。会计人员通过客户机使用会计软件，因此客户机的性能也必须适应会计软件的运行要求。

3. 网络连接设备

网络连接设备是把网络中的通信线路连接起来的各种设备的总称，这些设备包括中继器、交换机和路由器等。

（四）会计软件的安全

1. 安全使用会计软件的基本要求

（1）严格管理账套使用权限。在使用会计软件时，用户应该对账套使用权限进行严格管理，防止数据外泄；用户不能随便让他人使用电脑；在离开电脑时，必须立即退出会计软件，以防止他人偷窥系统数据。

（2）定期打印备份重要账簿和报表数据。为防止硬盘上的会计数据遭到意外或被人为破坏，用户需要定期将硬盘数据备份到其他磁性介质上（如 U 盘、光盘等）。在月末结账后，对本月重要的账簿和报表数据还应该打印备份。

（3）严格管理软件版本升级。对会计软件进行升级的原因主要有：①因改错而升级版本；②因功能改进和扩充而升级版本；③因运行平台升级而升级版本。

2. 计算机病毒的防范

计算机病毒是指编制者在计算机程序中插入的破坏计算机功能或数据，影响计算机使用并且能够自我复制的一组计算机指令或程序代码。它具有寄生性、传染性、潜伏性、隐蔽性、破坏性、可触发性等特点。导致病毒感染的人为因素是不规范的网络操作和使用被病毒感染的磁盘。

> **想一想**
> 我国商品化会计软件众多，并各具特色。那么在选择软件时需要考虑哪些问题呢？

选购时应从以下几方面进行考虑：

（1）要考虑会计软件的运行环境。

（2）要考虑会计软件的功能，如会计软件的行业特点是什么，要满足会计核算与管理的特别需要及充分考虑会计电算化工作的发展。

（3）要考虑会计软件的性能特点，是否具有易用性和安全可靠性。

（4）要考虑会计软件的售后服务，这关系到今后软件功能的改进和升级等问题。

三、会计软件的操作流程

任何一个通用化、商品化的会计软件都是由多个子系统组成的，例如，账务处理子系统、薪资管理子系统。不同企业的经营活动不同，但它的会计处理程序基本相同。因而，使用会计软件的基本操作流程也是类似的。任何一个会计软件从功能上看（以总账子系统为例），主要由环境设置、账套设置、系统初始化、日常业务处理、期末核算和系统维护等功能模块组成。会计软件的基本操作流程如下：

1. 软件安装与系统环境设置

在运用会计软件之前，需要在计算机中安装会计软件以及软件运行所需要的操作系统和数据库。在会计软件安装过程中或安装结束后要进行系统环境设置，主要包括会计数据备份方式、用户及数据库用户设置等。

2. 账套设置

账套设置的主要目的是为本单位设置会计电算化核算的相关规定，包括定义账套的单位名称、本单位使用的会计制度类型、会计期间设置、会计科目级次及位数、账套启用时间等。

3. 操作员及权限设置

为了达到财务部门人员的相互牵制，根据企业内控原则，需要对会计人员进行分工。对人员进行操作权限设置，使会计电算化工作在操作员的相互制约的基础上共同完成。

4. 编码设置

单位实行会计电算化后，通过代码来管理可以大大提高工作效率。编码设置主要用于初始设置和会计软件中所需要的所有编码。在设置中，还要考虑编码的层次和结构。

5. 初始数据录入

企业在首次使用会计软件时，需要将手工会计加工的数据录入到会计软件中去，从而使电算化工作建立在前期手工账务的基础上，可以使会计工作连续起来。

6. 日常业务处理

会计电算化的日常业务处理包括原始单据的处理、记账凭证的加工、账簿的登记、查询和打印、报表的编制等。

7. 期末核算

期末核算包括期末成本费用的计算、分配和结转、期末结账等，其中最重要的是期末结账。通过结账，可将本期有关会计账户的发生额和余额计算出来，结转到下期，了解结账后企业财务状况及经营成果。

8. 系统维护

系统维护主要是解决系统数据出现问题后，由会计软件提供的自动解决功能，包括数据备份、数据恢复、重建索引文件等功能。

任务三　用友 ERP-U8 管理软件介绍

一、用友 ERP-U8 管理软件功能特点

用友 ERP-U8 管理软件是一个企业综合运营平台，用以解决满足各级管理者对信息的使用需求。它以企业多部门应用为目标，适用于多种行业性质和企业类型，可以运行于单机环境、局域网环境、互联网环境或云端。用友 ERP-U8 管理软件以全面会计核算和企业级财务管理为基础，实现会计核算、购销存业务处理和财务监控的一体化管理，为企业经营决策提供预测、控制、分析和决策的依据，并能有效控制企业的成本和经营风险。

二、用友 ERP-U8 管理软件系统结构

用友 ERP-U8 管理软件由财务会计、管理会计、供应链管理、人力资源管理、集团应用等多个部分组成。财务会计部分包括总账系统、UFO 报表、薪资管理、固定资产管理、应收应付管理、成本管理、资金管理等子系统；管理会计部分包括财务分析、决策支持等子系统；供应链管理部分包括采购管理、销售管理、库存管理、存货核算等子系统。各主要子系统之间的数据关系如图 1-2 所示。本书主要选取财务会计部分作为学习内容。

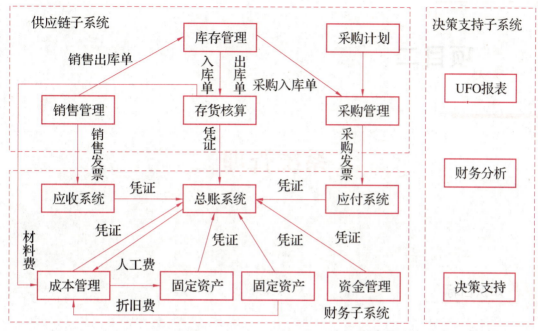

图 1-2 用友 ERP-U8 管理软件系统结构

三、用友 ERP-U8 管理软件运行次序

用友 ERP-U8 管理软件各子系统之间即相对独立，又有机结合，从整体上满足了用户的经营管理要求。由于各子系统之间存在数据交互和数据传递关系，因此，在各子系统使用过程中，需要遵循一定的次序。

（一）系统启用次序

如果同时启用总账子系统、薪资管理子系统、固定资产管理子系统，建议采取的启用顺序是：启用总账后，再启用薪资管理子系统、固定资产管理子系统，且后两者不分先后顺序。

（二）月末结账次序

如果同时启用总账子系统、薪资管理子系统、固定资产管理子系统，月末结账时，应先对薪资管理子系统、固定资产管理子系统进行结账处理，且不分先后顺序，各子系统均月末结账后，总账子系统才能结账。

项目二

系统管理

知识目标

- 了解系统管理的主要内容。
- 熟悉系统管理的各功能。

技能目标

- 掌握系统管理中设置操作员及权限的操作。
- 掌握建立账套、账套输出及恢复的操作。

知识导图

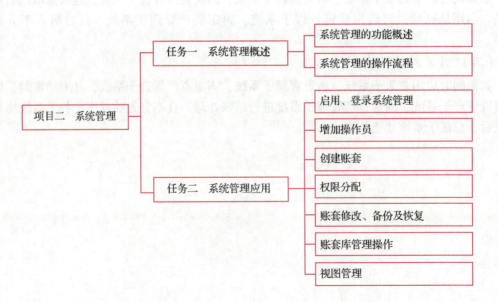

项目二　系统管理

拥护"两个确立"，践行"两个维护"

本项目所学习的内容是系统管理。财务软件系统是由多个子系统构成的，各个子系统之间相互联系，数据共享，但他们都是为同一主体服务的，所以各子系统的环境必须统一，系统管理的功能就是提供一个对整个软件系统的所有产品公共任务进行统一管理的操作平台，对财务软件中各个产品进行统一的操作管理和数据维护，具体包括：账套管理、账套库管理、操作员及权限的集中管理、系统数据的安全管理等。

系统管理的操作者为系统管理员（admin），是软件操作者的最高指挥。没有系统管理，整个财务软件系统将无法运行，必须通过系统管理员在系统管理中对整个系统进行整体部署，才能保证系统的正常使用。

党的二十大报告强调，坚决维护党中央权威和集中统一领导，把党的领导落实到党和国家事业各领域各方面各环节，使党始终成为风雨来袭时全体人民最可靠的主心骨。百年党史启示我们，要坚决维护党中央的核心，全党的核心是党在重大时刻凝聚共识、果断抉择的关键，是党团结统一、胜利前进的重要保证。"两个维护"就是职责、就是使命。拥护"两个确立"是做到"两个维护"的政治前提和思想基础，做到"两个维护"是拥护"两个确立"的政治检验和实践要求。

【启示】

任何一个系统的正常运转，都必须有一个强有力的核心进行统一领导管理，我们应该坚决维护核心的地位。

案例导入

×公司2019年1月购买了通用的商品化软件用友U8V10.1，用于会计核算和管理。软件购入后已安装在计算机中。该企业的会计人员可以直接在该软件中进行会计日常业务处理吗？是否需要有一些前期的准备工作？从本项目开始，我们将进行会计电算化的操作学习。

任务一　系统管理概述

用友U8软件产品由多个产品组成。各个产品之间相互联系、数据共享，完整实现财务、业务一体化的管理。对于企业的资金流、物流、信息流的统一管理和实时反映提供了有效的方法和工具。由于用友财务软件所含的各个产品是为同一个主体的不同方面服务的，所以对于各个子系统的环境必须统一，整个软件系统的所有产品公共任务也要进行统一管理。

11

系统管理的功能就是提供这样一个操作平台。其优点是企业的信息化管理人员可以方便管理、及时监控，随时掌握企业的信息系统状态。系统管理的使用对象为企业的信息管理人员[即系统管理员（admin）]或账套主管。

一、系统管理的功能概述

系统管理的主要功能是对用友财务软件中各个产品进行统一的操作管理和数据维护。具体包括：账套管理、账套库管理、操作员及权限的集中管理、系统数据的安全管理等。

（一）账套管理

账套指的是一组相互关联的数据。一般来说，系统可以为每一个独立核算的单位或部门在系统中建立一个账套，也可以为多个企业建立账套。系统最多允许建立999套账，不同账套数据之间彼此独立。

账套管理包括账套的建立、修改、引入与输出功能。除了账套修改和账套库管理是由各账套的账套主管操作外，其余功能都是由系统管理员（admin）完成的。

（二）账套库管理

每个账套中可以存放不同年度的会计数据。为方便管理，不同年度的数据存放在不同的数据表中，称为账套库。

账套库的管理由账套主管完成，即只有账套主管才能使用"账套库"菜单。账套库管理包括：账套库的初始化、引入、输出、清空账套库数据、数据卸出等。

（三）操作员及权限的集中管理

为了保证系统及数据的安全与保密，系统管理提供了操作员及权限的集中管理功能，此过程也称作为财务分工。通过对此功能的设置，一方面可以避免与业务无关的人员进入系统；另一方面，可以对系统所包含的各个子系统操作进行协调，确保各司其职，流程顺畅。另外，还能起到内控的作用，保证资金安全。

操作权限的集中管理包括用户、角色和权限设置。权限的分配可以一人一岗、一人多岗或一岗多人，但必须符合内部控制制度的要求。

（四）系统数据安全管理

在系统管理中，可以通过界面的显示及上机日志功能，监控各个站点的登录及操作情况，起到很好的监控作用。通过"输出"功能及时备份数据，还可以通过"清除异常任务"及"清除单据锁定"等功能，对数据库进行简单的数据维护。

二、系统管理的操作流程

（一）启用当年系统管理的操作流程

启用当年（即新用户）系统管理的操作流程如图2-1所示。

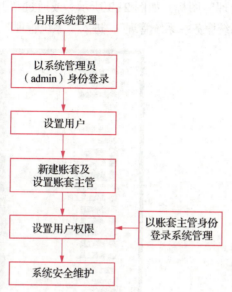

图 2-1 启用当年（即新用户）系统管理操作流程

（二）以后年度使用系统管理的操作流程

以后年度（即老用户）使用系统管理的操作流程如图 2-2 所示。

图 2-2 以后年度（即老用户）使用系统管理操作流程

任务二　系统管理应用

首次使用系统时，必须新建本单位的核算账套，而这项工作只能在系统管理中完成。若是网络版应用，系统管理只有服务器才能进入。

一、启用、登录系统管理

首次进入系统管理子系统时，先要以系统管理员（admin）的身份注册登录进行操作。
操作步骤：

（1）双击桌面"系统管理"图标，如图2-3所示。或通过"开始"菜单，选择"所有程序—用友ERP-U8V10.1—系统服务—系统管理"，进入"系统管理"主界面，如图2-4所示。

图2-3 系统管理图标

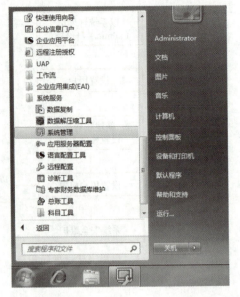
图2-4 通过"开始"菜单进入"系统管理"主界面

（2）进入"系统管理"主界面，单击"系统—注册"。

（3）以系统管理员（admin）的身份注册，第一次进入时密码为空（即不需输入任何内容），如图2-5所示。

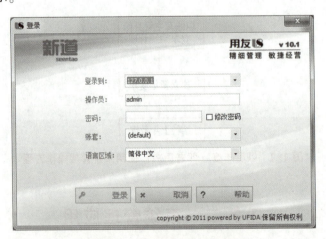
图2-5 系统管理员身份注册

☞ 提示

在"登录到"下拉列表中选择需要连接的数据库。这个数据库在安装时已经连接，一般情况下，操作员取系统默认结果即可，无须修改。

系统管理员（admin）的名称不能修改，但密码可以更改。注意，更改登录密码要谨慎。在正式使用 U8 系统进行账务处理时，建议更改系统管理员登录密码，以防非授权人员进入，确保系统安全。如需设置新密码，可选中"修改密码"复选框进行修改。但在练习阶段建议不要修改密码，保持为空即可。

（4）系统管理员（admin）登录"系统管理"主界面，如图 2-6 所示。此时，"账套"菜单由灰色不可选状态变为黑色可操作显示。

图 2-6　系统管理员登录"系统管理"主界面

☞ **注意**

"系统管理"主界面主要由四部分组成：①功能区；②系统现有已存账套与账套库；③正在登录到系统管理的子系统；④列示该子系统中正在执行的功能。

二、增加操作员

用户即操作员，是指有权登录系统，对会计软件进行操作的人员。为了保证系统及数据的安全性，系统提供了操作员设置功能，便于用户进行操作分工及权限控制，该功能是在系统管理的"权限"菜单下完成的，只有系统管理员（admin）才有权限设置操作员。

【例 2-1】在系统中设置三名财务部操作员，具体资料如表 2-1 所示。

表 2-1　操作员信息

编号	姓名
001	孙健
002	王明
003	马丽

操作步骤:

(1) 以系统管理员身份注册,进入系统管理单击"权限—用户",进入"用户管理"界面,系统自带四个用户: admin、demo、SYSTEM 和 UFSOFT,如图 2-7 所示。

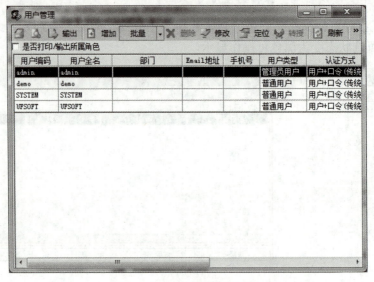

图 2-7 "用户管理"界面

(2) 单击"增加",弹出"操作员详细情况"对话框,按资料输入操作员信息,如图 2-8 所示。

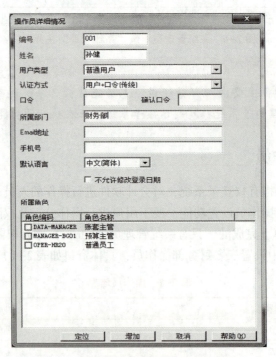

图 2-8 "操作员详细情况"对话框

（3）单击"增加"，进入下一个要增加的操作员界面，继续录入第二名、第三名操作员信息，增加完毕后的"用户管理"界面如图2-9所示。

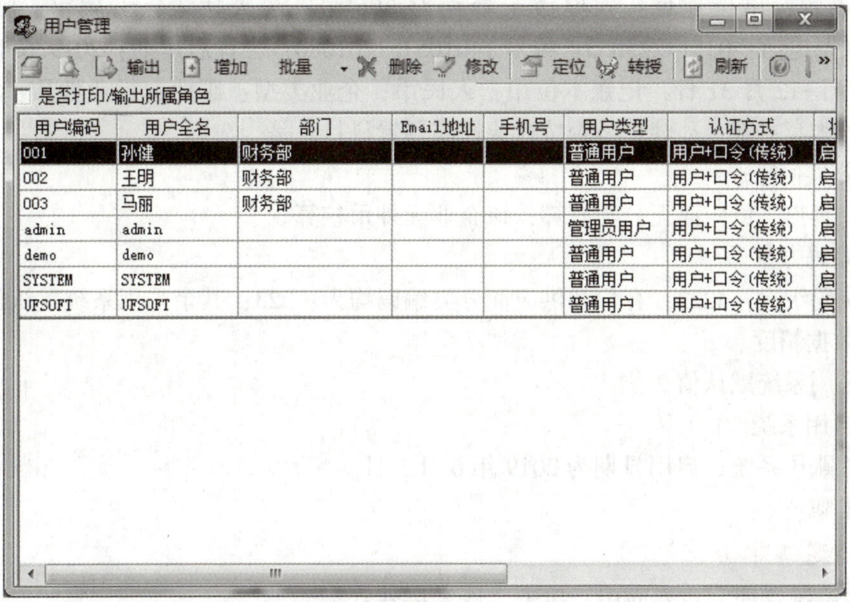

用户编码	用户全名	部门	Email地址	手机号	用户类型	认证方式
001	孙健	财务部			普通用户	用户+口令(传统)
002	王明	财务部			普通用户	用户+口令(传统)
003	马丽	财务部			普通用户	用户+口令(传统)
admin	admin				管理员用户	用户+口令(传统)
demo	demo				普通用户	用户+口令(传统)
SYSTEM	SYSTEM				普通用户	用户+口令(传统)
UFSOFT	UFSOFT				普通用户	用户+口令(传统)

图 2-9 增加完毕后的"用户管理"界面

☞ **注意**

用友软件中包含用户和角色两个概念。用户可以理解为具体的操作人员，如账套主管、制单人员、出纳等；角色可以理解为是一个职务名称，如财务总监、采购总监、销售总监等。用户和角色的设置不分先后顺序，一个角色可以拥有多个用户，一个用户也可以分属于多个不同角色。

☞ **提示**

用户增加后，可以通过"用户管理"界面的修改功能修改用户信息。修改用户信息时，选中要修改的用户，单击"修改"，进入修改状态。但已启用的用户只能修改口令、所属部门、E-mail、手机号和所属角色。但人员编号是唯一的，一旦保存就不能修改。与此同时，在"姓名"后有"注销当前用户"按钮，如需暂停使用该用户，则单击此按钮即可，此时按钮变为"启用当前用户"。删除用户信息时，选中要删除的用户，单击"删除"即可，但已启用的用户不能删除。

三、创建账套

企业在初次使用用友 U8 进行账务处理时，都需要先根据本企业的实际情况，为该企业建立一套账簿体系，完成会计数据库的建立，并对账套各参数进行设置，以符合本企业的核算要求。

【例 2-2】以山西科源有限公司为例，创建一个账套。该企业的具体信息如下：

（1）账套信息。

账套号：600；单位名称：山西科源有限公司；单位简称：山西科源；主营业务：电子产品批发零售；单位地址：太原市千峰南路 106 号；法人代表：王翔宇；邮政编码：030024；联系电话：03517225053；税号 140105751201080；会计启用期：2019.6.1；会计期间：6月1日-12月31日；记账本位币：人民币；企业类型：工业；行业性质：2007年新会计制度；账套主管：孙健；是否按行业性质预置科目：是。

（2）分类信息。

存货、客户、供应商无分类核算，该企业无外币核算。

（3）编码方案。

科目编码级次：4222；客户和供应商分类编码均为：223；其余采用系统默认值。

（4）数据精度。

全部采用系统默认值2位。

（5）启用系统。

启用总账子系统，启用日期为 2019 年 6 月 1 日。

操作步骤：

（一）建立账套信息

（1）"系统管理"主界面中，单击"账套—建立"。

（2）在创建账套界面选择建账方式为"新建空白账套"，单击"下一步"，如图2-10所示。

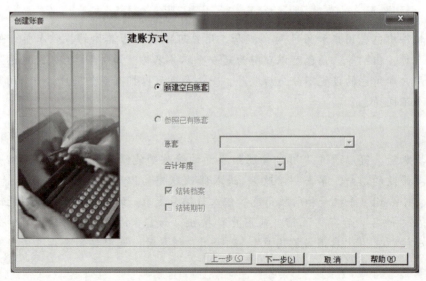

图 2-10 新建空白账套

知识拓展

若选择"参照已有账套"，则在账套的下拉菜单中可以查看到目前系统已有的所有账套信息，用户只能参照，不能输入或修改。其作用是在建立新账套时，可以明晰已经存在的账套，并进行相应参考，避免在新建账套时重复建立。

（3）按资料录入相关账套信息。

根据资料录入的账套信息，单击"下一步"，如图 2-11 所示。

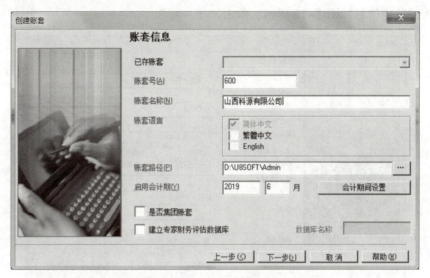

图 2-11　录入账套信息

1. 已存账套

为了避免账套的重复，系统将系统内已有的账套以下拉框的形式显示出来，用户在建立新账套时只能参照，不能输入或修改。从图中看出，已存账套是灰色的，代表了目前系统中还没有其他账套信息。

2. 账套号

账套号是用户需要建立的新的账套编号，必须录入。录入时可输入 3 个字符（只能是 001~999 之间的数字），且不能与系统中的已有账套号重复，即账套号必须唯一。

3. 账套名称

账套名称用来输入新建账套的名称，即核算单位名称。

4. 账套路径

账套路径是指新建账套所要存放在系统中的路径（位置），账套路径采用默认路径即可，用户也可根据实际情况进行修改。

5. 启用会计期

启用会计期是指新建账套将被启用的会计核算时间，启用日期一般为某一月份，一旦设定便不能更改。设置启用会计期时，同时进行会计期间设置，确认当前会计年度及会计月份的起始日期和结账日期。

☞ 提示

若企业实际核算期间与正常的自然日期不一致，也可根据需要，单击"会计期间设置"，进行会计期间的修改，具体操作：①单击"会计期间设置"；②在"会计月历-建账"对话框中双击"结束日期"；③在日历中选择具体的结束日期；④单击"确定"，即可更改会计期间。

(二) 输入单位信息

输入单位信息用于记录本单位的基本信息。其中，单位名称是必填项。按上述单位基本情况，输入的单位信息如图2-12所示，单击"下一步"。

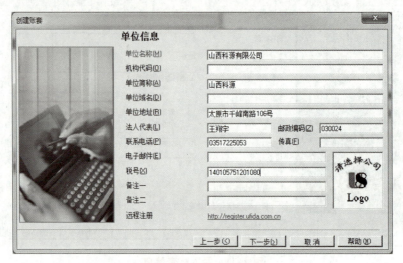

图2-12 输入单位信息

(三) 设置核算类型

设置核算类型用于记录本单位的基本核算信息。在"核算类型"界面中按资料输入相关内容，单击"下一步"，如图2-13所示。

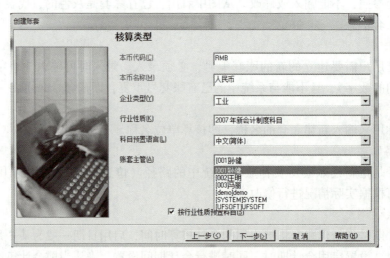

图2-13 设置核算类型

1. 本币代码及本币名称

本币代码是指本账套所用的记账本位币代码；本币名称是指本账套所用的记账本位币名称，这两项为必填项。

2. 企业类型

企业类型是区分不同企业业务类型的必要信息，用于明确核算单位特定经济业务的类型。

> **知识拓展**
>
> 企业类型系统包括工业、商业和医药流通三种。若选择了工业,则在软件中商业企业的一些功能就不能使用了,如受托代销商品。若选择了商业,则工业企业的一些功能就不能使用了,如成本核算。若选择了医药流通,则需要将产品中的部分自定义设置为医药流通所需的项目。

3. 行业性质

行业性质是用来明确新账套采用何种会计准则制度的重要信息,选择不同的行业性质,执行不同的会计准则制度。

4. 账套主管

账套主管是系统指定的本账套负责人,可以从下拉菜单中选择输入,也可以在建立账套后从系统管理的用户管理界面设置账套主管的权限。

5. 是否按行业性质预置科目

是否按行业性质预置科目是为了方便用户,预置所属行业的标准一级会计科目,用户可以自行选择。

> **☞ 提示**
>
> 是否按行业性质预置科目要根据本单位的实际情况而定。若勾选"按行业性质预置会计科目",系统中自动生成符合本行业性质的一级科目,会计人员只需要以此为基础,修改或增加明细科目即可;若不勾选"按行业性质预置科目"复选框,则会计人员需要将企业所需的会计科目从一级科目开始,一一录入。

(四)建立基础信息

基础信息包括存货分类、客户分类、供应商分类、外币核算。如果单位的存货、客户、供应商相对较多,单击相应选项前的复选框。但选择进行分类管理后,在进行基础设置时,只有先建立分类信息才可以设置档案内容。若企业有外币核算,也必须在此处打勾。

按资料,将此部分内容复选框的勾全部去掉,单击"下一步",如图2-14所示。

图2-14 基础信息

（五）开始创建账套

在"创建账套—开始"界面中单击"完成"，出现"可以创建账套了么？"的对话框，单击"是"，准备开始创建账套，如图2-15所示。

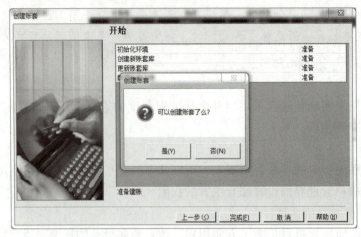

图2-15 开始创建账套

（六）建立编码档案、数据精度、启用总账系统

1. 编码档案设置

为了便于用户进行分级核算、统计和管理，本系统可以对基础数据进行分级设置。编码时，首先要设定编码规则。例如，科目编码规则是编制科目编码需遵守的方法和原则，设置科目编码规则通过限定科目级次和各级科目的级长，使科目编码设计能在这一限定下进行。级次是指会计科目允许设置的明细科目的级别；级长是指每级科目的编码位数，各级级长之和为科目编码总级长，本级科目总级长等于上级科目总级长与本级科目级长之和。例如，科目编码为4-2-2-2，指的是会计科目一共可以设置4个级别的科目，一级科目的编码长度是4，二级科目的编码长度是2，三级科目的编码长度是2，四级科目的编码长度是2。

按资料，将科目编码修改为4-2-2-2；将客户和供应商分类编码修改为2-2-3，其余默认，如图2-16所示。

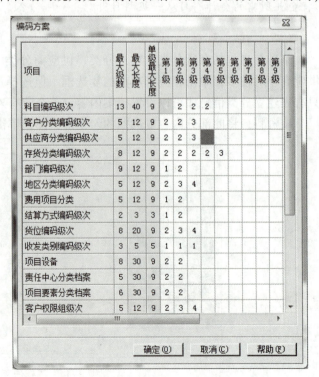

图2-16 编码方案设置

想一想

为什么科目编码的一级科目级长是灰色不可修改的状态呢?

因为,在建立账套时,按行业性质(2007年新会计制度)预置了一级科目(级次为1,级长为4),系统中就会自动生成符合本行业性质的一级科目,所以此时一级科目的编码是不能修改的。

2. 数据精度设置

由于不同的用户对数量、单价的核算精度要求不一致,所以系统提供了自定义数据精度的功能,用户可根据需要自行设置,如图2-17所示。

3. 启用总账系统

用户要使用某个系统进行相应操作前,必须先启用此系统。用户创建新账套后,会提示是否"现在进行系统启用的设置?"若单击"是",则直接进入"系统启用"设置窗口,以便用户一气呵成地完成创建账套和系统启用工作。

根据资料要求,山西科源在2019年6月1日启用总账子系统。①在系统启用界面,将"总账"系统前面的复选框进行勾选;②进行总账子系统的启用日期设置;③单击"确定",如图2-18所示。

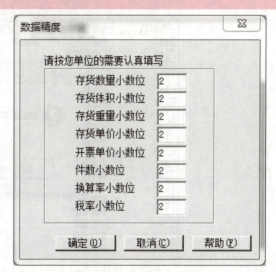

图2-17 数据精度设置

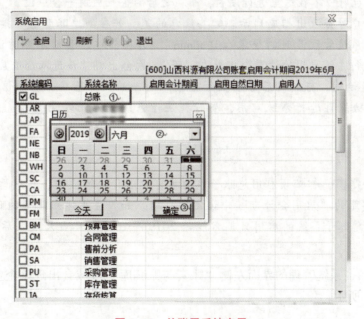

图2-18 总账子系统启用

此时会出现"确实要启用当前系统"的提示信息，单击"是"，总账子系统的启用日期和启用人就列示在相应的栏目中，如图 2-19 所示。

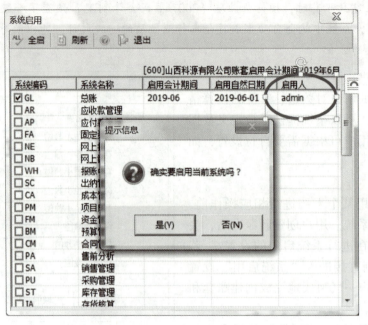

图 2-19　系统启用确认对话框

☞ **提示**

系统启用也可以不在这里进行设置，而在之后的企业应用平台中设置，具体操作在后续进入企业门户时会做出相应列示。需要注意的是，若在创建账套后直接进行系统启用时，启用人为系统管理此时的登录人"admin"。若在创建账套后不即时进行系统启用，即在"现在进行系统启用的设置"中单击"否"，则会出现"请进入企业应用平台进行业务操作"的提示框。待到日后账套主管登录"企业应用平台——基础信息"时，进入"系统启用"功能再进行系统启用，届时相应子系统的启用人为登录企业门户的账套主管。

☞ **注意**

任何一个账套，都必须启用总账子系统才可以进行后续操作。启用总账子系统的日期不能早于建账的"启用会计期"中设定的日期。如本企业建立账套的日期为 2019 年 6 月 1 日，则总账子系统的启用日期只能是 2019 年 6 月 1 日当天或之后。所有其他系统同样适用。

建账完毕后，系统管理的界面左侧"账套与账套库"区域会出现该企业的账套号及名称，如图 2-20 所示。

项目二　系统管理

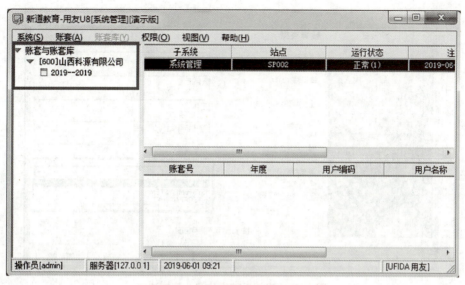

图 2-20　企业账套号及名称显示

四、权限分配

账套建立后，应根据该用户在企业核算工作中所担任的职务以及分工来设置、修改其对各子系统的操作权限，以此防止与业务无关人员擅自使用系统。软件中的权限管理是按照不同的子系统来进行授权管理的。权限分配的操作只能由系统管理员（admin）和账套主管来完成。系统管理员（admin）可以指定所有人员的权限；账套主管可以指定除了账套主管之外的本账套其他用户的权限。

（一）设置账套主管权限

账套主管权限的设置有两种方法：

1. 在创建账套时设置

此方法的前提条件是，在建立账套前，该操作员已经存在于系统中，即先增加了该用户，再新建账套。在建账时，指定账套主管可以从下拉菜单中直接进行用户的选取，如上述图 2-13 中"核算类型"界面中的设置。

2. 在建账完成后，系统管理员（admin）登录系统管理，在"权限—权限"中设置

若在建账时，系统中还没有新增用户，只有自带的三个用户：demo、SYSTEM 和 UFSOFT。因此在创建账套向导中选择账套主管时，可以先暂定系统默认的操作员 demo 为此账套的账套主管，如图 2-21 所示。待增加操作员后，再通过"系统管理—权限—权限"菜单进行账套主管人员的修改。

25

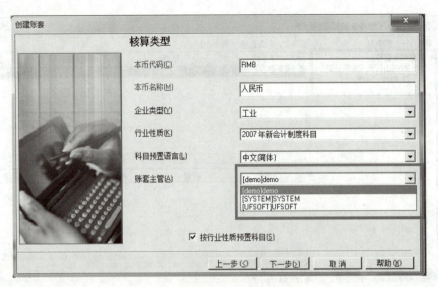

图 2-21　设置系统操作员为账套主管

操作步骤：

（1）进入权限设置界面。

系统管理员（admin）在系统管理界面中，单击"权限—权限"，如图 2-22 所示。

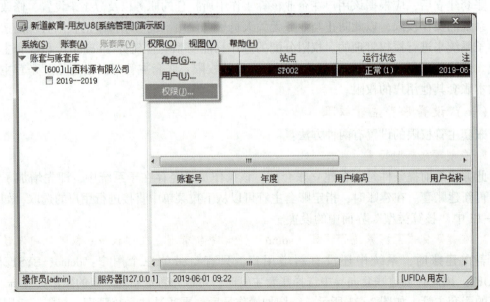

图 2-22　系统管理员登录"权限—权限"界面

（2）取消 demo 账套主管权限。

①进入"操作员权限"界面，单击操作员"demo"；②将"账套主管"前面的复选框的"√"去掉，如图 2-23 所示。

项目二　系统管理

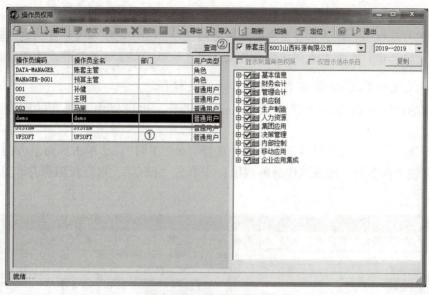

图 2-23　取消账套主管权限

此时，就会出现是否"取消普通用户 demo 账套主管权限？"的对话框，单击"是"。

在"权限—用户"中增加操作员（具体方法参见【例 2-1】），并重新指定孙健为此账套的账套主管。

①选中要指定的账套主管"001 孙健"；②选择要授权的账套及会计年度；③将"账套主管"前的复选框勾选；④在弹出的是否"设置该用户账套主管权限"的对话框中单击"是"，进行授权，如图 2-24 所示。

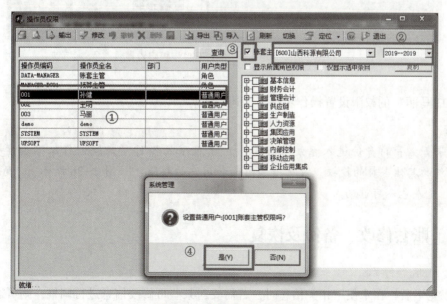

图 2-24　设置账套主管步骤

27

> **注意**
>
> 增加用户及权限和建立账套没有必然的前后顺序,可以先增加用户再创建账套,即上述第一种方法列示;也可以先创建账套再设置用户权限,如上述第二种方法列示。

(二)设置除账套主管以外的其他操作员权限

此内容的设置可以由系统管理员(admin)进行,也可以由本账套的账套主管(孙健)进行。

操作步骤:①在"操作员权限"界面中选择"002 王明";②单击界面上方的"修改";③按要求在该界面右侧勾选该操作员的权限;④单击"保存",进行权限保存。具体操作如图 2-25 所示。

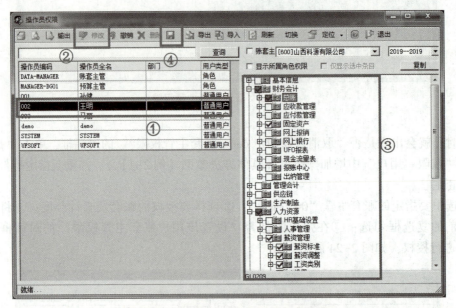

图 2-25 操作员"002 王明"权限设置

"003 马丽"的权限设置操作步骤与上述一致。

> **注意**
>
> 以账套主管的身份进入系统管理时,对于权限的操作,只能进行除账套主管(自己)以外的其他人员的授权。没有增加角色和用户的权限,如图 2-26 所示,"角色"和"用户"是灰色不可选的。

五、账套修改、备份及恢复

(一)账套修改

建账完毕后,在未使用相关信息时,若需要对某些可修改信息进行调整,则可通过账套修改实现相应设置。

项目二 系统管理

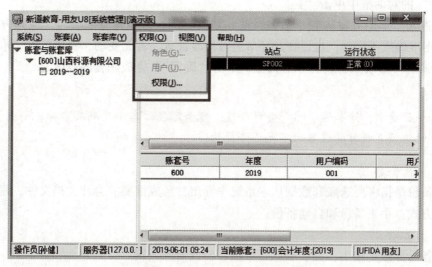

图 2-26 账套主管限权设置

☞ 注意

只有账套主管可以修改其具有权限的账套信息，系统管理员（admin）无权修改。

【例 2-3】将上述账套的"存货是否分类""客户是否分类""供应商是否分类""有无外币核算"的设置由"否"均修改为"是"。

操作步骤：

（1）单击"系统—注销"，将系统管理员的身份退出。

（2）单击"系统—注册"，以账套主管 001 的身份进入，如图 2-27 所示。

图 2-27 账套主管登录界面

（3）单击"账套—修改"，进入账套修改界面。

（4）在"基础信息"界面进行相关内容的勾选，单击"完成"，在弹出的"确认修改

29

账套了么?"的对话框中单击"是"。

(5) 进入"编码方案"和"数据精度"修改界面。若在建立账套时，编码方案或数据精度设置不准确或不完善，也可在此环节进行修改设置。若无变动，直接单击"取消"。

(6) 弹出"修改账套成功"对话框，单击"确定"，完成账套的修改。

☞ 注意

账套一旦建立，账套号、启用会计年度、账套路径、本币代码及名称、企业类型及是否按行业性质预置科目的设置时不允许修改的。

(二) 账套备份

账套备份是指将所选账套数据从本系统中导出，形成重要的会计文档文件。账套备份主要有两种方式：手工备份和自动备份。

1. 手工备份

手工备份即账套输出，其实质就是数据备份或清除数据。

【例2-4】系统管理员进行账套600的备份，存放路径为D:\山西科源。备份完毕后将该账套从系统中删除。

操作步骤：

(1) 在D盘新建"山西科源"文件夹。

(2) 以系统管理员（admin）的身份登录系统管理。

(3) 单击"账套—输出"。

(4) 弹出"账套输出"对话框，选择要输出备份的账套"600 山西科源有限公司"。单击"输出文件位置"后的选择按钮，选择账套备份路径为"D:\山西科源\"，如图2-28所示，或可在此时，通过"新建文件夹"来增加和选择存放路径，单击"确定"。

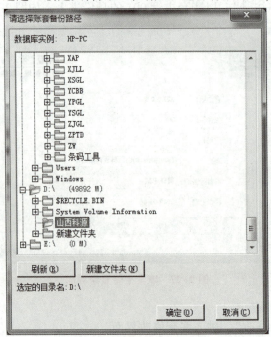

图2-28 选择账套备份路径

> **注意**
>
> 一定要双击文件夹，使其处于打开模式，否则不能将账套备份在此文件夹内。

（5）若要同步输出文件服务器上相关文件，或将该账套在备份的同时从系统中删除，则还要将对应项目前的复选框进行勾选，如图2-29所示。

（6）单击"确认"，进行账套备份。

（7）待账套输出完毕，会出现"输出成功"的提示框。备份完成后会生成 UFDATA.BAK 和 UfErpAct.Lst 两个文件。

（8）若选择删除该账套，系统会提示确认是否删除，若选择"是"，则该账套从数据库中彻底删除。

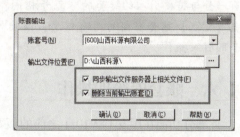

图2-29 选择要输出的账套

2. 自动备份

软件提供自动备份功能，也叫"设置备份计划"。设置备份计划的作用是：由客户设置自动备份计划，系统管理根据设置，自动定时对设置的账套进行输出（备份）。其优势在于，不仅可以定时备份账套，还可实现多个账套的同时输出，大大减轻系统管理员的工作。

（三）账套的恢复

账套的恢复指的是将系统外部数据引入本系统软件环境中。该功能有利于保障系统数据的安全。一旦系统出现故障或遭受病毒侵袭被破坏时，就可以将最近备份的账套数据重新引入系统，恢复系统数据。同时此功能的增加也有利于集团公司的操作，子公司的账套数据可以定期被引入母公司系统中，以便进行有关账套数据的分析和合并工作。

【例2-5】将刚从系统中删除的"600账套"重新引入系统。

操作步骤：

（1）系统管理员（admin）单击"账套—引入"，进入账套引入界面。

（2）选择要引入的600账套数据备份文件，如图2-30所示。

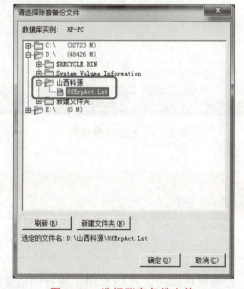

图2-30 选择账套备份文件

(3) 单击"确定",选择账套引入的目录,此时使用默认路径即可,单击"确定"。

(4) 引入完成,系统提示"账套引入成功",此时即可在系统中对该账套进行操作。

☞ 提示

　　账套的备份与恢复只能由系统管理员(admin)完成。另外,假如系统中已存账套中有一套与将要引入的账套的账套号相同,在要引入账套时,系统会弹出"此项操作将覆盖【XXX】账套当前的所有信息,继续吗?"的对话框,单击"是",系统将自动进行账套的引入操作。

六、账套库管理操作

此部分功能在用友 U8V10.1 之前的版本中称为"年度账管理",在 U8V10.1 中称为"账套库管理",其实质是一样的。与手工会计分年度反映经济业务一样,在电算化中,也是分年度建立数据库的。为保证会计核算的连续性与完整性,一个会计年度结束后,应建立新的年度账,再把上年度的各账户余额结转到新年度账中,以此为基础开始新年度的会计核算。关于账套库的概念在任务一中已经描述,在此不再赘述。账套库管理界面如图 2-31 所示。

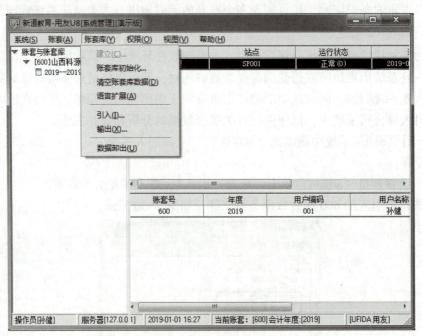

图 2-31　账套库管理界面

☞ 注意

　　该功能的操作只能由账套主管完成。

七、视图管理

系统管理员(admin)登录时可以对"视图管理"进行的功能操作如图 2-32 所示。

项目二 系统管理

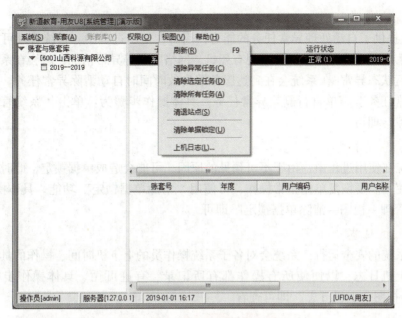

图 2-32 系统管理员视图功能

而账套主管登录系统时，可以对"视图管理"进行的功能操作只有"刷新"。

（一）刷新

在"系统管理"窗口中，系统管理功能列表分文上下两个部分。上部分列示的是正在登录到系统管理的子系统，下部分列示的是该子系统中正在执行的功能，如图 2-33 所示。这两部分都是动态的，根据系统的执行情况适时变动，如需查看最新系统内容，则可通过刷新功能实现。其目的是便于系统管理员或账套主管对各子系统的运行实施适时监控。具体操作步骤为：单击"系统管理—视图—刷新"即可。

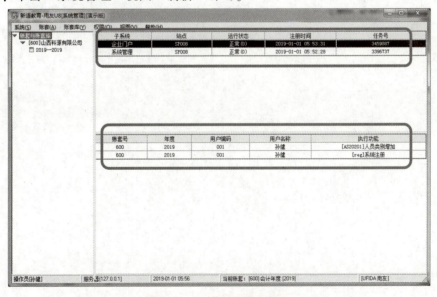

图 2-33 "系统管理"窗口

(二) 清除异常任务

用友 U8 提供了自动处理异常任务的能力，用户在使用过程中，系统管理可以对每个登录系统的子系统定时进行检查，如发现有死机、网络阻断等异常情况，就会在系统管理主界面显示"运行状态异常"，系统会在到达服务端失效时间时自动清除异常任务。用户也可选择"清除异常任务"菜单自行删除异常任务。具体操作步骤为：单击"系统管理—视图—清除异常任务"即可。

(三) 清除单据锁定

各子系统在使用过程中，由于不可预见的原因，可能会造成单据锁定，此时单据的正常操作将不能使用。要恢复单据正常操作，可使用"清除单据锁定"功能。具体操作步骤为：单击"系统管理—视图—清除单据锁定"即可。

(四) 上机日志

为保证系统的安全运行，系统会对各子系统操作员的上下机时间、操作的具体内容进行登记，形成上机日志，以便使所有操作都有所记录、有迹可循。具体操作步骤为：单击"系统管理—视图—上机日志"即可查看。

> ☞ 提示
> 当日志存储到一定极限时，系统会提示您进行清除日志工作，此时只需按照系统提示进行操作即可。

项目三

基础设置

知识目标

- 了解基础设置的主要内容。
- 了解基础设置的作用。

技能目标

- 掌握企业应用平台中各基础设置的操作。

知识导图

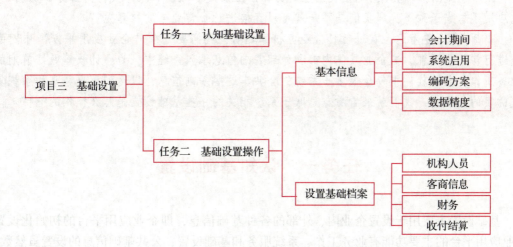

会计电算化

引思明理

万丈高楼平地起 基础设置奠根基

本项目所学习的内容是基础设置。在财务软件系统中，企业日常业务的处理需要用到企业内、外部各种基础信息。基础设置的功能就是提供一个对某账套的所有基础信息进行统一管理的操作平台，为企业日常业务工作提供基础服务。凡是企业日常业务处理所需要用到的各种参数、档案信息都可以在此设置，主要内容包括基本信息、基础档案、业务参数、个人参数、单据设置、档案设置等。设置好的这些信息在将来的业务处理中可以随时调用，极大的提高工作效率。

基础设置的操作者为账套主管，账套主管具有较高的业务水平，对本账套业务内容全面了解，可以通过基础设置平台全面布局本账套基础信息，为日常核算和管理奠定基础。基础信息的设置非常重要，不允许半点差错，一旦设置有误，将会影响到将来日常业务处理，带来层层麻烦。就好比建设一幢大楼，施工所用各种材料都需要按设计好的的规格型号质量等来准备，施工时不能有误，否则后果不堪设想。

【启示】

人的一生，不论学习、工作、还是生活，积极努力的做好每一件事都是在为未来的发展进行基础设置，基础信息越丰富，未来的人生越美好。

案例导入

A 同学提问："老师，现在我们已经为该企业新建了账套和操作员，岗位分工明确了，也启用了总账子系统，那我们是不是就可以直接进行日常业务的核算呢？"

老师："不要着急，在进行日常业务核算之前，我们要先在'企业应用平方'中对系统进行初始化设置，把企业具体内部和外部基础信息录入系统中，为会计核算做好前期的准备工作。会计软件中包含很多子系统，会共享这些基础信息，以达到数据共享和系统集成的目的。现在，我们就来看看与总账子系统相关的一些基础设置是怎么操作的吧！"

任务一 认知基础设置

基础设置主要用于设置企业内、外部的各种基础信息，即企业应用平台的初始化设置。企业应用平台的主要功能有业务工作、系统服务和基础设置，公共基础信息的设置虽然数据收集、整理的工作量较大，但操作相对比较简单。基础设置的主要内容包括基本信息、基础档案、业务参数、个人参数、单据设置、档案设置等，如图 3-1 所示。

项目三 基础设置

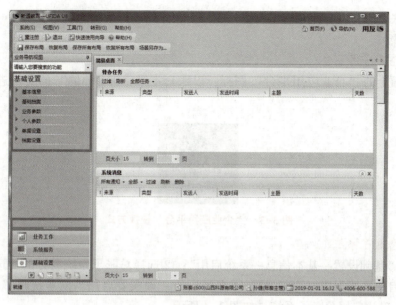

图 3-1 基础设置的主要内容

任务二 基础设置操作

一、基本信息

基本信息设置主要包括会计期间、系统启用、编码方案及数据精度，如图 3-2 所示。如在建立账套时已经设置完成，此处可以对设置的内容进行修改。

图 3-2 基本信息内容

37

若创建账套后，没有即时启用系统，就需要在此处进行系统的启用。

操作步骤：

1. 登录企业应用平台

双击桌面上的"企业应用平台"图标，以账套主管"001 孙健"的身份进行登录，如图 3-3 所示。

图 3-3 "企业应用平台"快捷方式

2. 启用总账子系统

①双击"基础设置—基本信息—系统启用"；②选择总账子系统前方的复选框；③选择该子系统的启用日期为 2019-06-01；④在弹出的"确实要启用当前系统吗？"的对话框中单击"是"，确认启用总账子系统，如图 3-4 所示。

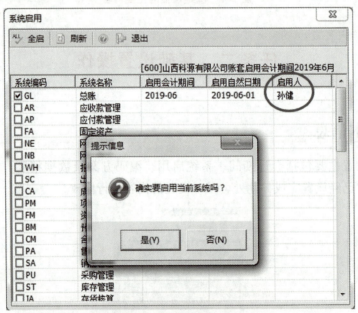

图 3-4 在企业应用平台中进行系统启用

> ☞ 注意
>
> 在企业应用平台中启用子系统的启用人为该账套的账套主管"孙健"。因此，从启用人可以看出，该子系统是在建立账套时启用的，还是在日后登录企业应用平台时启用的。

二、设置基础档案

基础档案的设置在基础设置的"基本信息—基础档案"中进行，部分基础档案的设置也可以在各个子系统中进行，其结果都是由各个子系统共享。基础档案的内容如图 3-5 所示。

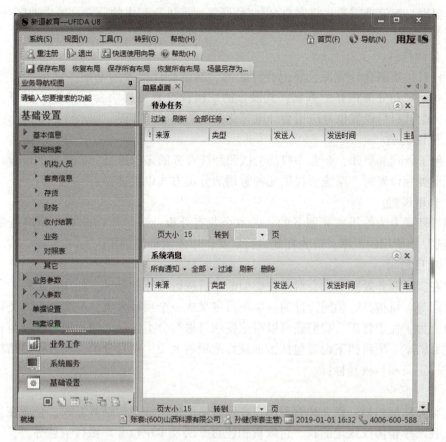

图 3-5 基础档案的内容

与总账业务处理相关的基础档案主要包括以下几点。

1. 机构人员

此功能主要包括部门档案和人员档案等信息设置。部门档案主要用于设置企业各职能部门的信息。按照已定义号的部门编码输入部门编号及其信息，部门档案主要包括部门编码、名称、负责人、部门属性等内容。人员档案主要用于记录本单位使用系统的职员列表，包括职员编码、名称、所属部门及职员属性等。

2. 客商信息

（1）客商分类。

企业根据自己管理的要求，需要对客商进行相应的业务数据统计、汇总分析，因此需要建立一套完善的分类体系。用户根据已设置好的分类编码方案对客商进行分类设置。在用友 U8 产品中，总账、应收、销售、库存、存货系统都会用到客户分类；总账、应付、采购、库存、存货系统都会用到供应商分类。

（2）客商档案。

完成客商分类设置后，需要对客户/供应商档案进行设置和管理，即具体客户/供应商的信息录入。

(3) 地区分类。

企业根据自身管理需要，将客户/供应商所属地区进行相应的分类，建立地区分类体系。

3. 财务

(1) 会计科目。

会计科目是填制会计凭证、登记会计账簿、编制会计报表的基础。它是一个完整的体系，是复式记账和分类核算的基础，其设置的层次深度直接影响会计核算的详细、准确程度。此外，会计科目设置也是应用会计电算化系统的基础和前提。

(2) 凭证类别。

为了便于管理和登账，企业一般都会按照经济业务的多少进行凭证类别的设置。在第一次进入凭证类别设置时，系统会提供几种常用的分类方式以供选择。

(3) 外币设置。

汇率管理是专为外币核算服务的。若本企业有外币业务，需在此对外币进行定义。在"填制凭证"中所用的汇率，应先在此进行定义，以便制单时调用。

(4) 项目目录。

企业在实际业务处理中，会对多种类型的项目进行核算和管理，如在建工程、项目成本管理、合同等。可将具有相同特性的一类项目定义成一个项目大类，一个项目大类可以核算多个项目。为了便于管理，我们还可以对这些项目进行分类管理。使用项目核算与管理，需先设置项目档案，项目档案设置包括增加或修改项目大类、项目分类、项目栏目结构、项目目录维护、定义项目核算科目。

4. 收付结算

收付结算功能包括：建立和管理用户在经营活动中所涉及的结算方式；企业在生产经营过程中与往来单位协议规定的收、付款折扣优惠方法及本单位开户银行信息等。

【例3-1】根据下列资料，对山西科源有限公司进行基础档案录入。

1. 山西科源有限公司需录入的信息

(1) 部门档案如表3-1所示。

表3-1 部门档案

部门编码	部门名称	负责人
1	综合部	李坤泽
101	经理办公室	李坤泽
102	财务部	孙健
2	市场部	赵研
3	开发部	李强

(2) 人员类别。人员类别分为管理人员、销售人员、开发人员。

(3) 人员档案如表3-2所示。

表 3-2　在职职员档案及期初余额

职员编号	职员名称	性别	所属部门	人员类别	方向	期初余额
101	李坤泽	男	经理办公室	管理人员	借	5 000.00
102	孙健	男	财务部	管理人员		
103	王明	男	财务部	管理人员		
104	马丽	女	财务部	管理人员		
201	赵研	男	市场部	销售人员		
202	宋佳	女	市场部	销售人员		
301	李强	男	开发部	管理人员		
302	王朋	男	开发部	开发人员		
303	白容	女	开发部	开发人员		

（4）客商信息的录入情况，如表 3-3、表 3-4、表 3-5、表 3-6 所示。

表 3-3　供应商分类

分类编码	分类名称
01	工业
02	商业
03	事业

表 3-4　供应商档案

编号	供应商名称	简称	所属分类码	方向	期初余额	备注
02001	北京万科有限公司	北京万科	02	贷	116 000.00	2019-04-08（转字 5 号）
02002	山西恒力有限公司	山西恒力	02	贷	58 000.00	2019-05-12（转字 9 号）

表 3-5　客户分类

分类编码	分类名称
01	长期客户
02	中期客户
03	短期客户

表 3-6　客户档案

客户编号	客户名称	客户简称	所属分类码	方向	期初余额	备注
01001	华信科技有限公司	华信科技	01	借	56 000.00	2019-04-30（转字 10 号）赵研销售商品

续表

客户编号	客户名称	客户简称	所属分类码	方向	期初余额	备注
02001	晨光商贸有限公司	晨光商贸	02	借	42 600.00	2019-05-03（转字3号）赵研销售商品
03001	山西宏力有限公司	山西宏力	03	借	38 000.00	2019-05-20（转字16号）宋佳销售商品

（5）外币设置。币种：美元；币符：$；固定汇率：1∶6.4。

（6）山西科源2019年6月会计科目及余额表如表3-7所示。

表3-7　山西科源2019年6月会计科目及余额表简表

科目名称	辅助核算要求	方向	币别	期初余额
库存现金 1001	指定科目、日记账	借		8 750.00
银行存款 1002	指定科目、日记账、银行账	借		259 480.89
工行存款 100201	指定科目、日记账、银行账	借		259 480.89
中行存款 100202	指定科目、日记账、银行账	借	美元	
应收账款 1122	客户往来	借		136 600.00
坏账准备 1231		贷		7 800.00
其他应收款 1221	个人往来	借		5 000.00
库存商品 1405		借		192 000.00
多媒体教程 140501	数量金额	借		122 000.00
		借	册	3 050.00
多媒体课件 140502	数量金额	借		70 000.00
		借	套	2 800.00
固定资产 1601		借		600 000.00
累计折旧 1602		贷		72 268.97
无形资产 1701		借		131 000.00
短期借款 2001		贷		200 000.00
应付账款 2202	供应商往来	贷		174 000.00
应付职工薪酬 2211		贷		66 120
应付工资 221101		贷		58 000
应付福利费 221102		贷		8 120
工会经费 221103		贷		
应交税费 2221		贷		−14 000.00
应交增值税 222101		贷		
进项税额 22210101		贷		

续表

科目名称	辅助核算要求	方向	币别	期初余额
销项税额 22210102		贷		
未交增值税 222102		贷		-14 000.00
其他应付款 2241		贷		26 600.00
实收资本 4001		贷		600 000.00
本年利润 4103		贷		
利润分配 4104		贷		
未分配利润 410407		贷		216 850.00
生产成本 5001	项目核算	借		16 808.08
直接材料 500101	项目核算	借		4 155.78
直接工资 500102	项目核算	借		9 021.00
间接费用 500103	项目核算	借		3 631.30
制造费用 5101		借		
工资费用 510101		借		
福利费 510102		借		
工会经费 510103		借		
折旧 510104		借		
主营业务收入 6001		贷		
多媒体教程 600101	数量金额	贷	册	
多媒体课件 600102	数量金额	贷	套	
主营业务成本 6401		借		
多媒体教程 640101	数量金额	借	册	
多媒体课件 640102	数量金额	借	套	
销售费用 6601		借		
工资费用 660101		借		
福利费 660102		借		
工会经费 660103		借		
折旧 660104		借		
广告费 660105		借		
管理费用 6602		借		
工资费用 660201	部门核算	借		
福利费 660202	部门核算	借		
工会经费 660203	部门核算	借		

续表

科目名称	辅助核算要求	方向	币别	期初余额
办公费用 660204	部门核算	借		
折旧 660205	部门核算	借		
其他费用 660206	部门核算	借		
财务费用 6603		借		
利息支出 660301		借		
其他 660302		借		

（7）凭证类别如表 3-8 所示。

表 3-8　凭证类别

类别字	类别名称	限制类型	限制科目
收	收款凭证	借方必有	1001，1002
付	付款凭证	贷方必有	1001，1002
转	转账凭证	凭证必无	1001，1002

（8）结算方式如表 3-9 所示。

表 3-9　结算方式

结算方式编码	结算方式名称	票据管理标志
1	支票	是
101	现金支票	是
102	转账支票	是
9	其他	

（9）项目目录如表 3-10 所示。

表 3-10　项目目录

项目大类	项目小类	项目目录	方向	期初余额	备注
产品成本类	编码：01 名称：自行开发项目	A1 软件	借	直接材料 4 155.78 直接工资 9 021.00 制造费用 3 631.30	未结算
		A2 软件	借	直接材料 直接工资 制造费用	未结算
	编码：02 名称：委托开发项目	W1 网络工具	借		已结算

2. 操作步骤

（1）机构人员档案录入。

1）部门档案录入。①双击"基础档案—机构人员—部门档案"，进入部门档案界面；

②单击"增加";③在界面右侧进行部门档案的录入;④输入完毕后单击"保存",如图3-6所示。

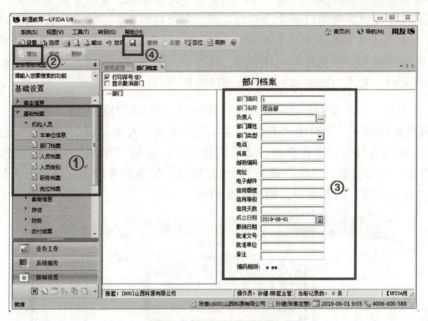

图3-6 部门档案录入界面

此时,在部门档案界面左侧框中就会出现新增的部门,如图3-7所示。

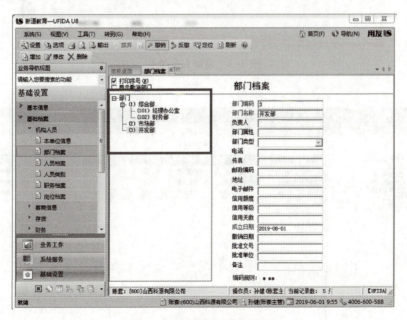

图3-7 新增部门档案界面

> **提示**
>
> 部门编码要符合编码级次规则。部门负责人可先不录入，等人员档案录入后，再返回部门档案通过修改功能将部门负责人添加完成。部门增加后，有需要修改或删除的，可通过界面左上方"修改"或"删除"功能进行操作，但已使用的部门不能进行修改、删除。增加部门是逐级增加，即先增加一级部门，再增加二级部门、三级部门……；但删除部门的顺序是逆向的，即先删除末级部门，再删除上级部门。

2）人员类别。人员类别是必填项，按资料要求，在人员类别中的"正式工"下增加二级类别，具体操作如下：①双击"基础档案—机构人员—人员类别"，选择"正式工"，单击"增加"，进入人员类别设置界面；②单击界面左上角的"增加"，进入"增加档案项"对话框；③录入人员类别，单击"确定"，保存信息，如图3-8所示。保存的人员类别信息会显示在"人员类别"的界面中，如图3-9所示。

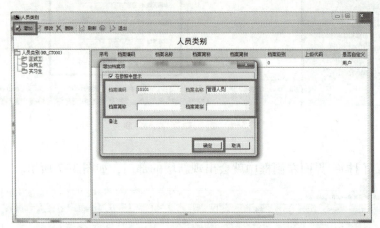

图3-8 增加人员类别

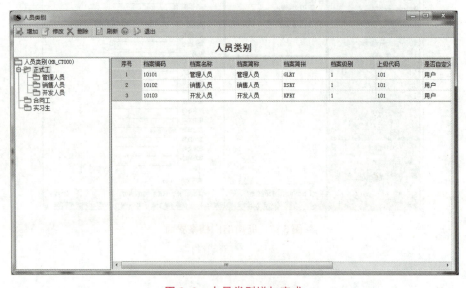

图3-9 人员类别增加完成

3）人员档案。设置好部门档案和人员类别后，需要对各部门人员信息进行录入。如果企业没有对员工进行核算和管理要求，也可以不设置此信息。

①双击"基础档案—机构人员—人员档案"，进入人员档案录入界面。

②人员档案录入。单击"增加"，进入人员档案录入界面；录入该职员的档案信息；单击"保存"，自动进入下一个职员录入界面，如图3-10所示。

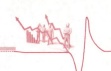

图3-10　人员档案录入界面

③人员档案全部录入完成，如图3-11所示。

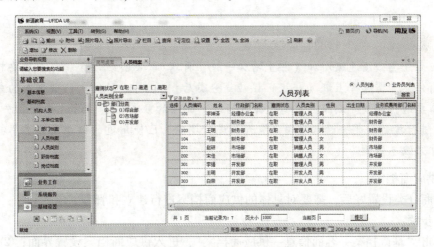

图3-11　人员档案录入完成

（2）客商信息录入。

该类内容在总账子系统中的客商信息主要用于供应商往来辅助核算和客户往来辅助核

算。分类档案是否要建立，受创建账套时设置的基础信息的影响，若选择供应商分类、客户分类，则在此处必须先建立分类档案，再建立供应商档案和客户档案。在建立档案时，要注意选择末级分类；若创建账套时选择供应商和客户无分类情况，则在此直接建立供应商及客户档案即可。

1）供应商分类。

操作步骤：

①双击"基础档案—客商信息—供应商分类"，进入供应商分类界面。

②单击"增加"，在界面右侧区域录入分类编码和分类名称。

> **注意**
> 填入的分类编码必须符合编码规则。

③单击"保存"，则该新增的分类自动显示在界面左侧的供应商分类区域，如图3-12所示。

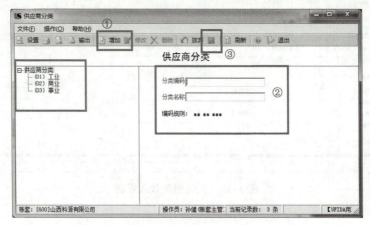

图3-12 供应商分类界面

> **提示**
> 供应商分类必须逐级增加（即先增加一级，再增加二级、三级……），若要想增加二级供应商分类，需选择上级（一级）供应商分类后，再单击"增加"。若增加的分类信息有误或需要进行修改、删除，则需选择要修改、删除的分类信息，通过界面上方"修改""删除"进行操作。删除时只能由末级开始进行删除，已使用过的供应商分类不能修改或删除，非末级不能删除。

2）供应商档案。

供应商分类设置好后，需要对具体的供应商档案进行建立和管理。

操作步骤：

①双击"基础档案—客商信息—供应商档案"，进入供应商档案设置界面；②按所给资料输入供应商信息；③单击左上角的"保存"，或单击"保存并新增"进入下一个供应商档案填写界面，如图3-13所示。

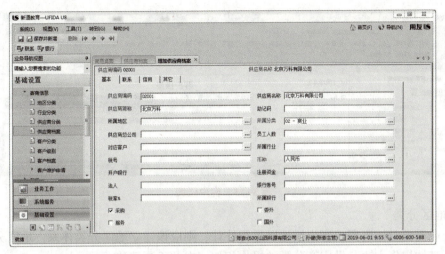

图 3-13 供应商档案增加

所有供应商档案输入完毕后,在供应商档案界面中全部列示,如图 3-14 所示。

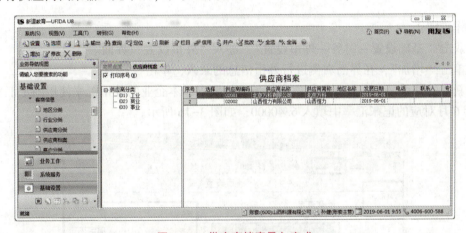

图 3-14 供应商档案录入完成

3)客户分类。

有些企业客户较多,广泛分布在各行业和地区。利用用友 U8 软件中的客户分类功能,便于对企业的客户进行分类管理,具体操作步骤同供应商分类。

4)客户档案。

客户分类设置好后,需要对具体的客户档案进行建立和管理。具体操作方法同供应商档案设置,客户档案如图 3-15 所示。

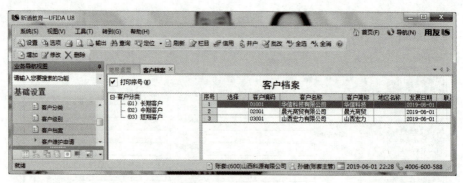

图 3-15　客户档案

5）地区分类。

若企业需要对供应商或客户按地区进行统计，则应该建立地区分类体系，地区分类最多有 5 级，具体操作方法与供应商分类的操作相似，在此不再赘述。

（3）外币设置。

企业有外币业务时，需要定义外币核算的名称及汇率，并且录入固定汇率或浮动汇率的值。

操作步骤：

①双击"基础设置—财务—外币设置"，进入"外币设置"界面。

②单击"增加"，在界面右侧进行外币信息的录入，单击"确认"。

③新增的外币显示在界面左侧空白区域。按要求，本企业的外币汇率使用固定汇率，在 2019 年 6 月对应的记账汇率中填入 6.40000，如图 3-16 所示。

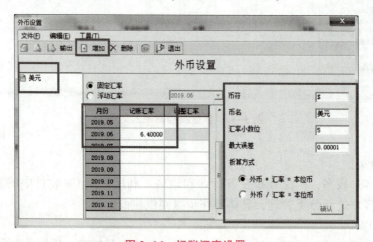

图 3-16　记账汇率设置

> ☞ 提示
>
> 　　如果使用固定汇率，则应在每月月初录入记账汇率（即期初汇率），月末计算汇兑损益时录入调整汇率（即期末汇率）；如果使用浮动汇率，则应每天录入当日汇率，月末调整。

(4) 会计科目设置。

会计科目是系统初始化过程中最重要的一项工作，也是填制凭证、登记会计账簿、编制会计报表的基础。它是一个完整的体系，是复式记账和分类核算的基础。总账子系统要进行日常的财务核算，就必须设置相应的会计科目。

在会计软件中设置会计科目有两种模式：一种是照搬手工会计科目体系，即把要反映的一切信息都建成明细科目；另一种是部分科目使用软件提供的辅助核算功能。例如，某公司的管理费用有部门考核要求，手工会计只能将管理费用下再增设部门明细，而使用会计软件，可以通过辅助核算进行相应管理，其对比如图3-17所示。

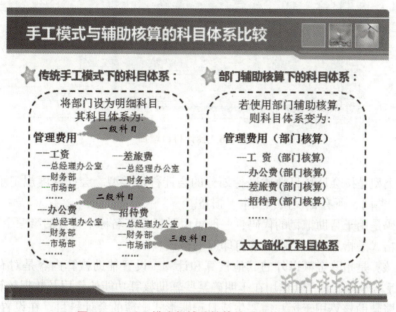

图 3-17　手工模式与辅助核算的科目体系比较

在辅助核算的科目体系中，不包含具体的部门明细，而是将部门建到部门档案里。这样，可以简化科目结构，减少科目数量。另外，利用软件提供的辅助账簿功能，还可以从不同角度灵活查询，既可以站在科目的角度查询各个部门发生了多少费用，如办公室、财务部、人事部本月分别发生的折旧费用，也可以站在某个部门的角度查询总共发生了多少费用，如财务部本月总共发生的薪酬、折旧及其他费用。

因此，建议在建立科目体系时，不应该是手工会计科目体系的照搬，而应该是手工会计科目体系与辅助核算功能相结合，使科目体系最优、最灵活。

单击"基础档案—财务—会计科目"，打开"会计科目"界面，可以进行以下操作：

1) 增加会计科目。一级科目系统已预置，按企业需要，只需增加系统没有的一级科目及其他所有的明细科目。

操作步骤：单击"增加"，在"新增会计科目"窗口输入预增加的会计科目编码及名称，单击"确定"，对新增会计科目进行保存，继续增加其他科目，如图3-18所示。

注意事项如下。

- 会计科目名称输入时，一级科目及其编码一般在建账时已按照所选行业性质预置。

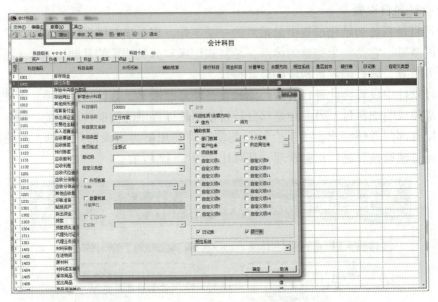

图 3-18 会计科目增加

- 科目类型是按会计科目性质进行划分的会计科目类型。会计制度规定了六大类，即资产、负债、共同、所有者权益、成本、损益。
- 助记码是用于帮助记忆的代码，一般可由科目汉字名称中拼音的第一个字母组成。
- 账页格式是指新增科目在账簿打印时的格式。
- 辅助核算是指除金额以外的其他核算和计算。设置辅助核算内容是对有辅助核算要求的科目进行具体的定义，其作用在于明确某些辅助核算功能的作用及数据核算范围。
- 日记账辅助核算用于标注需要生成日记账形式账簿的会计科目。在设置会计科目时，若有某一科目被设置为日记账，系统就认为该科目有进行登记日记账核算的要求。在企业中，必须设为日记账进行核算的科目有库存现金（1001）和银行存款（1002）。
- 银行账辅助核算是指对银行对账或日记账有辅助核算要求的科目进行定义。一般情况下，把银行存款科目设为银行账。当银行存款科目被设置为记银行辅助核算账后，需要定期将其发生的经济业务和银行存款对账单进行核对，以生成银行存款余额调节表。
- 科目方向的确定，一般根据科目的类别来判断。例如，属于资产类科目的余额一般在借方，属于负债类科目的余额一般在贷方。
- 有外币核算要求的科目必须设定币名。

在新增会计科目设置时，科目带有数量核算的，需要选中"数量核算"前的复选框，填入计量单位，同时将账页格式设置为"数量金额式"（图 3-19）；带有外币核算的，选中"外币核算"前的复选框，选择外币币种，同时将账页格式设置为"外币金额式"（图 3-20）；带有部门核算、个人往来核算、客户往来核算、供应商往来核算或项目辅助核算的科目，分别选中相应辅助核算选项，如图 3-19、图 3-20、图 3-21、图 3-22、图 3-23、图 3-24、图 3-25 所示。

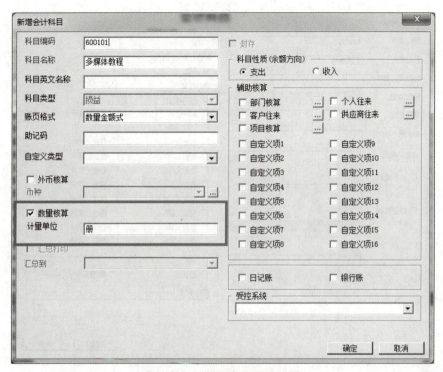

图 3-19　带有数量核算的科目

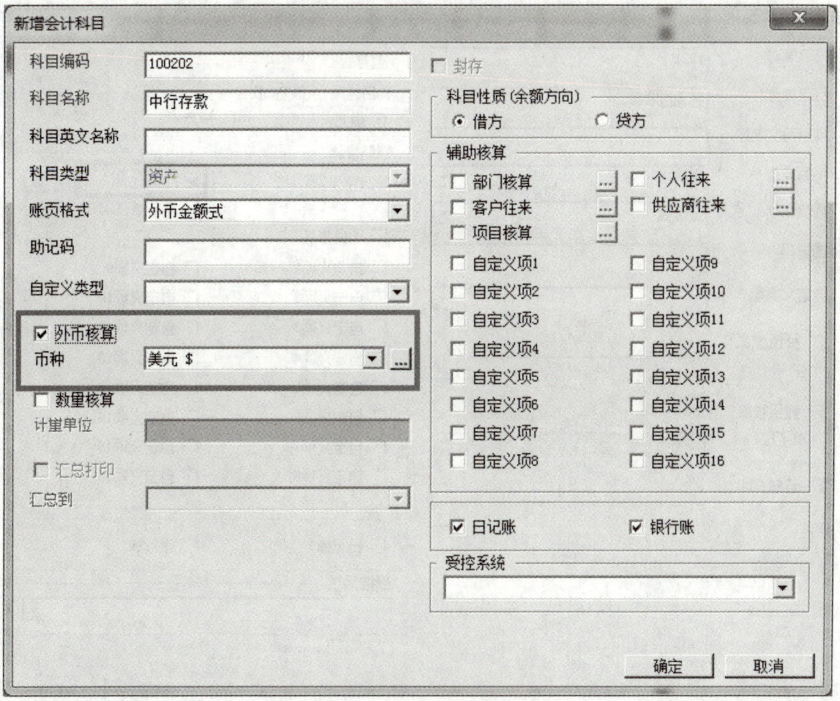

图 3-20　带有外币核算的科目

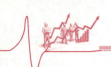

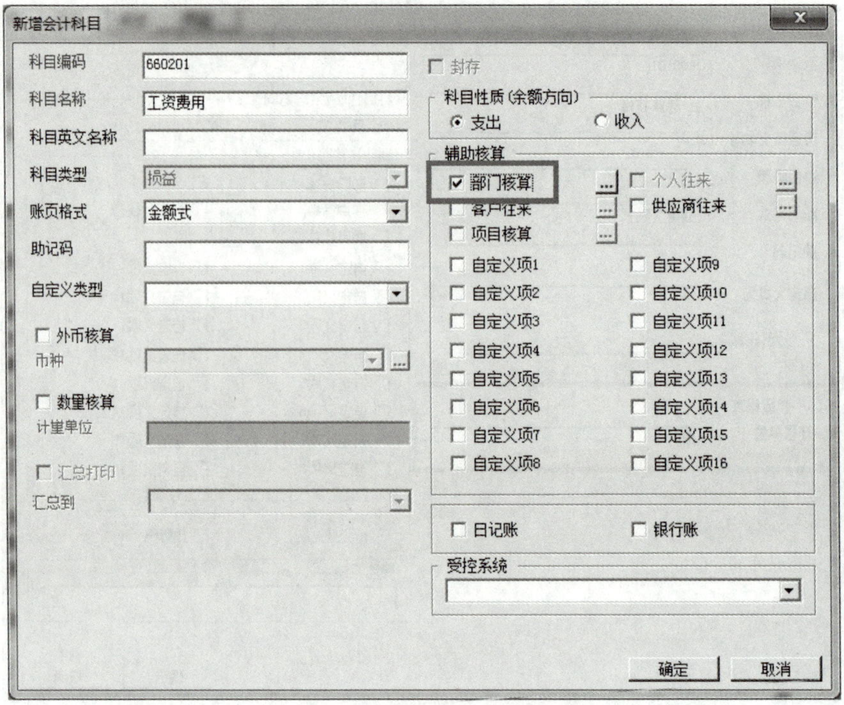

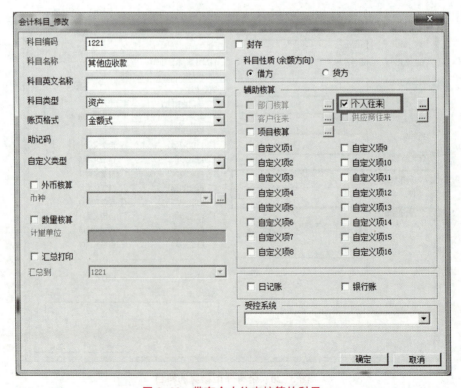

图 3-21 带有部门核算的科目

图 3-22 带有个人往来核算的科目

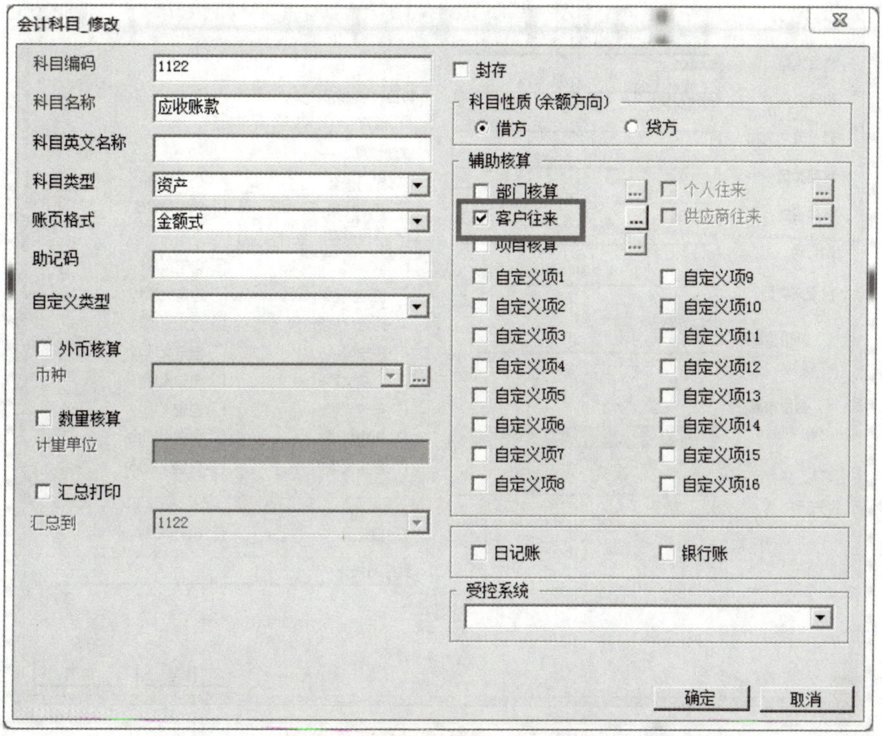

项目三 基础设置

图 3-23 带有客户往来核算的科目

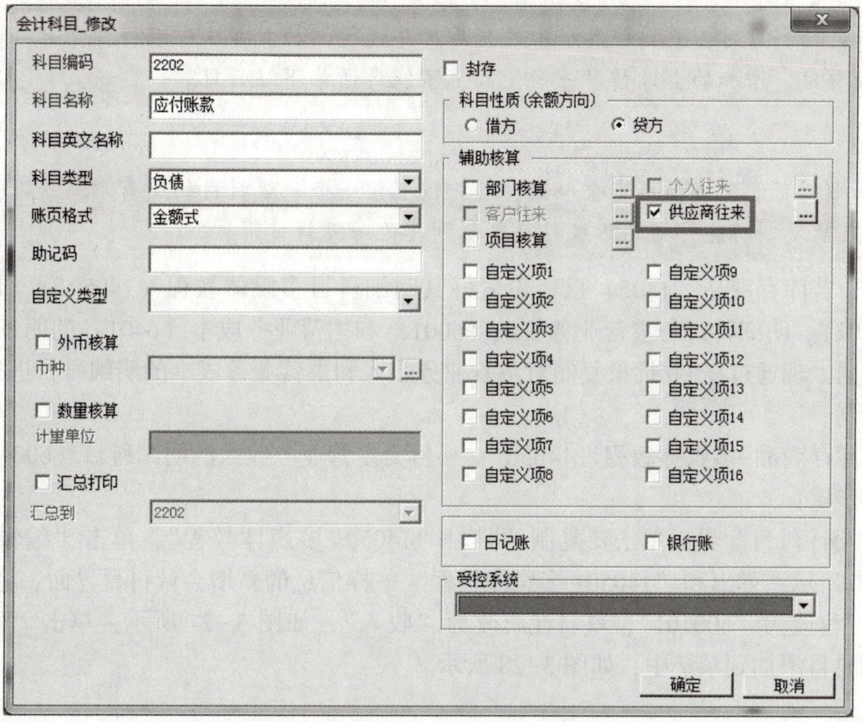

图 3-24 带有供应商往来核算的科目

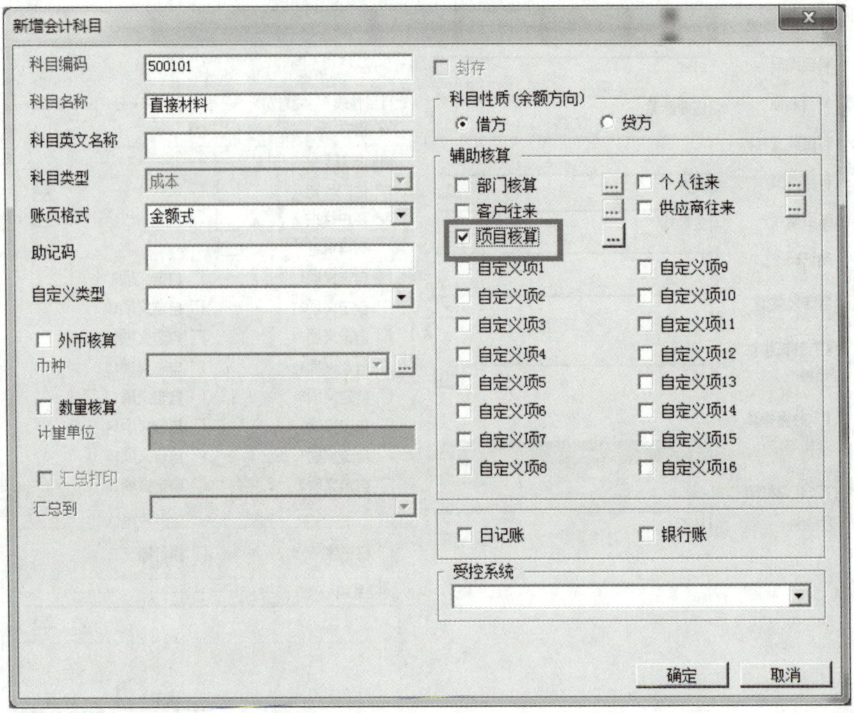

会计电算化

[新增会计科目对话框]

图3-25 带有项目核算的科目

☞ **注意**

增加会计科目时,要按照其级次的先后次序进行添加,即从一级科目开始,逐级向下设置明细科目。增加的会计科目一经使用,不能再增加下级科目。

☞ **提示**

若一级科目的下级科目完全一致,可先设置某一个一级科目的所有下级科目,然后通过复制/成批复制功能,将其下级科目复制到其他一级科目下。

例如,若库存商品(1405)已经设置好其明细科目多媒体教程(140501)和多媒体课件(140502)。明细科目与主营业务收入(6001)和主营业务成本(6401)的明细科目及辅助信息相同,现通过复制/批量复制对主营业务收入和主营业务成本的明细科目进行设置。

①复制。

复制库存商品-多媒体教程(140501)科目为主营业务收入的明细科目(600101)。

操作步骤:

在"会计科目"界面单击要复制的科目"140501多媒体教程",单击"编辑—复制",如图3-26所示;弹出和"140501多媒体教程"一样信息的新增会计科目界面,将科目编码"140501"修改为"600101",科目性质改为"收入",如图3-27所示;单击"确定",即将复制的科目添加到系统中,如图3-28所示。

项目三 基础设置

图 3-26　复制会计科目（1）

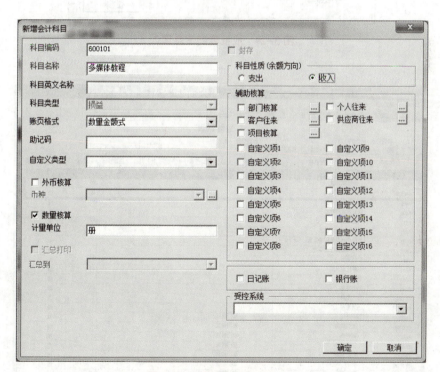

图 3-27　复制会计科目（2）

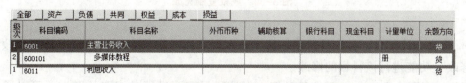

图 3-28　复制会计科目（3）

②成批复制。

成批复制库存商品（1405）的所有明细科目及辅助核算到主营业务成本（6401）科目下。

操作步骤：在"会计科目"界面中单击"编辑—成批复制"，在弹出的"成批复制"对话框中填入被复制的科目（1405）和要复制的科目（6401），并勾选"数量核算"，如图3-29所示；单击"确认"；将复制的科目添加到系统中，如图3-30所示。

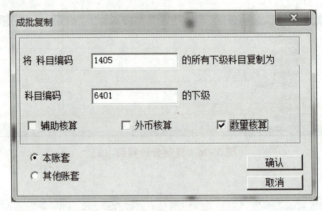

图3-29　成批复制信息填入

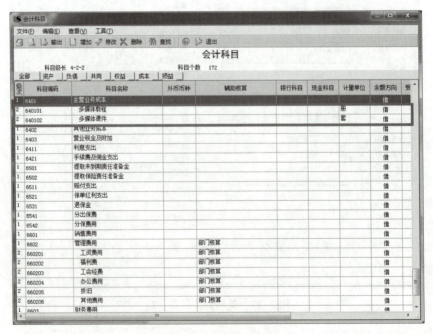

图3-30　成批复制完成

2）修改会计科目。会计科目增加后，若发现有误或根据企业实际情况需要修改，可利用"修改"功能进行该科目的修改。

例如，库存商品1001，系统已预置，但该科目需要进行日记账的登记，可以通过"修改"功能进行设置。

操作步骤：①在"会计科目"界面单击科目"1001 库存现金"，再单击界面上方的"修改"；或直接双击"1001 库存现金"科目，进入"会计科目-修改"界面，单击"修改"，如图 3-31 所示；②选中该界面"日记账"前的复选框，单击"确定"即可，如图 3-32 所示。

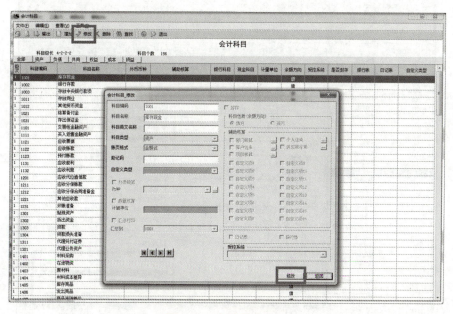

图 3-31　会计科目修改

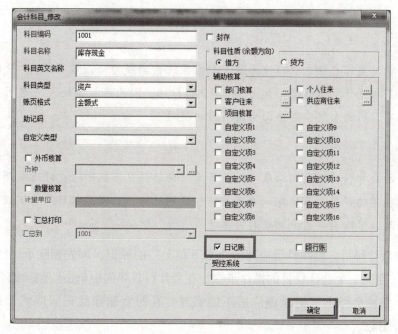

图 3-32　确定修改信息

再如，某些科目需要添加一些辅助核算项目，如"应收账款"，要进行客户往来辅助核算，不需要增加明细科目，则可通过"修改"功能进行相应辅助核算项目的勾选，如图3-33所示。

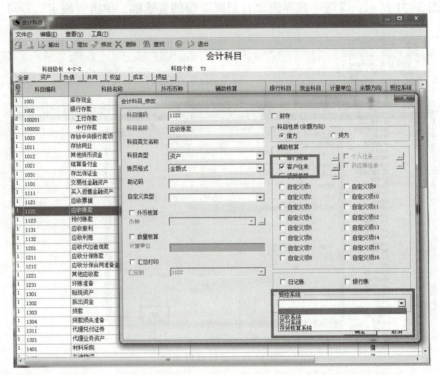

图3-33 应收账款科目设置

☞ **注意**

应收账款设置客户往来辅助核算时，受控系统自动成为"应收系统"，此时需要通过后面的下拉菜单进行空白选择，如图3-33中的标注，因为应收系统没有启用，若此科目受控于还没有启用的系统，则会影响该科目的使用。

☞ **提示**

已使用的会计科目不能删除或修改；非末级会计科目不能删除；修改或删除已经录入余额或已经制单的科目，必须先删除有关该科目的凭证，并将该科目及其下级科目余额清零再进行修改，修改后要将余额及时补上。

3）删除会计科目。删除科目应遵循"自下而上"的原则，即先删除下一级科目，再删除本级科目。删除一个会计科目的操作步骤：在会计科目界面中单击要删除的会计科目；单击"删除"，系统会弹出"记录删除后不能恢复！真的要删除此记录吗？"对话框，单击"确定"即可删除。

4）指定科目。指定会计科目是指指定出纳的专管科目。指定科目后，出纳才能执行出纳签字、查看现金、银行存款日记账的功能操作。

现将"1001 库存现金"指定为"现金科目","1002 银行存款"指定为"银行科目"。

操作步骤：

①在"会计科目"界面中单击"编辑—指定科目"，进入"指定科目"对话框。

②选中"现金科目"前的复选框，选择会计科目"1001 库存现金"，单击 > ，将库存现金科目从"待选科目"栏移到"已选科目"栏中，如图 3-34 所示。

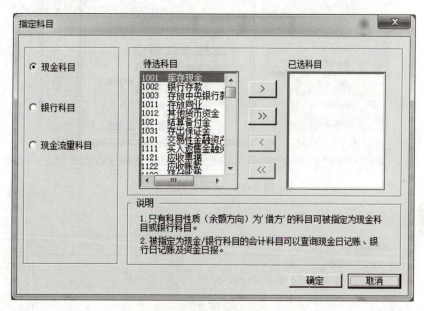

图 3-34　指定现金科目

③单击"银行科目"前的复选框，将"1002 银行存款"从"待选科目"栏选到"已选科目"栏，操作同上。单击"确定"即可保存设置。

（5）凭证类别设置。

本系统提供了凭证分类功能，用户可按照本单位的需要对凭证进行分类设置。

根据资料进行该设置操作。

操作步骤：①双击"基础档案—财务—凭证类别"，弹出"凭证类别预置"对话框，选择第二种分类方式，单击"确定"，如图 3-35 所示；③弹出"凭证类别"界面，单击"修改"，对各凭证类别进行"限制类型"和"限制科目"的设置，如图 3-36 所示。

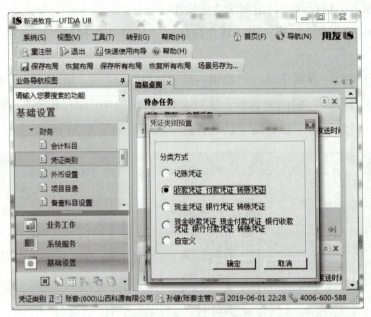

图 3-35 凭证类别预置

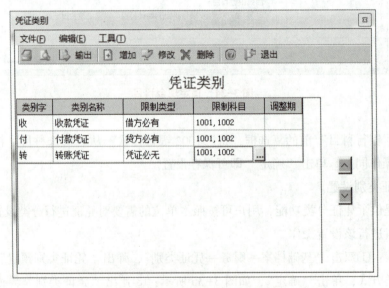

图 3-36 限制类型及限制科目设置

☞ **注意**

限制类型与限制科目的设置是对凭证的合法性检查增加了一道关卡。转账凭证限制类型为凭证必无"库存现金""银行存款"科目,若在输入凭证时,出现"库存现金"或"银行存款"科目,系统会提示错误信息,不予存盘,这样会减少不必要的差错。

(6) 结算方式设置。

"结算方式"功能用来建立和管理企业在经营活动中所涉及的收、付款结算方式，如支票、商业汇票、银行汇票等。

按【例 3-1】资料进行结算方式设置。

操作步骤：

双击"基础档案—收付结算—结算方式"，弹出"结算方式"对话框；单击"增加"，在界面右侧区域录入新增结算方式信息；单击"保存"，新增的结算方式保存于系统中，并显示在界面左侧区域，如图 3-37 所示。

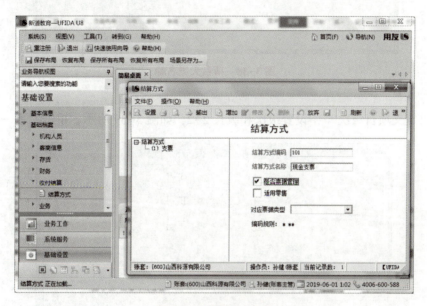

图 3-37 结算方式设置

(7) 项目目录设置。

企业在实际业务处理中，会对多种类型的项目进行核算和管理，如在建工程、对外投资、产品成本等。用友 U8 软件提供的项目核算和管理功能，将项目的管理分为三个层次：项目大类、项目分类、项目目录。项目大类是具有相同特性的一类项目的组合，一个项目大类可以核算多个项目。项目分类是对同一项目大类下的项目进一步划分，属于明细级别的项目类别设立。项目目录是对具体项目信息与内容进行定义。

1) 定义项目大类。

按【例 3-1】资料进行项目目录设置。

操作步骤：

①在企业门户界面双击"基础设置—财务—项目目录"，进入"项目档案"界面。

②单击"增加"，进入"项目大类定义-增加"界面，根据表 3-10 中的信息，在"新项目大类名称"中输入"产品成本类"，同时选择"普通项目"，单击"下一步"，如图 3-

38所示。

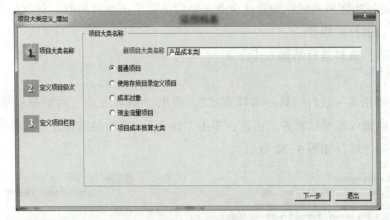

图3-38 项目大类名称

③在"定义项目级次"中设置级次和级长2-2，如图3-39所示，单击"下一步"。

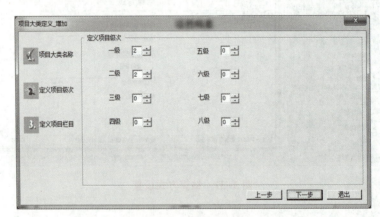

图3-39 定义项目级次

④进入"定义项目栏目"界面，若有需要备注说明的其他信息，可以在此处进行增加，单击"完成"即可。

2）指定核算科目。指定核算科目就是设置项目大类的核算科目，这些核算科目将作为该项目大类在以后数据输入、计算汇总中的依据。

操作步骤：

①在"项目档案"界面，在项目大类下拉框中选择"产品成本类"，单击"核算科目"页签，在会计科目设置中有项目辅助核算的所有会计科目均显示在界面左侧"待选科目"区域，②单击 ，将这些科目从"待选科目"选至"已选科目"，单击"确定"即可。如图3-40所示。

项目三 基础设置

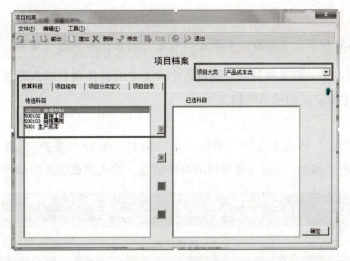

图 3-40　核算科目

3）定义项目分类。为了便于统计，可以对同一项目大类的项目进行进一步划分，这就需要对项目进行分类。

操作步骤：

①在"项目档案"界面单击"项目分类定义"选项卡，选择"项目大类"为"产品成本类"；②单击右下角的"增加"，进行项目分类信息录入；③单击"确定"，将信息进行保存，并显示在界面左侧区域，如图 3-41 所示。

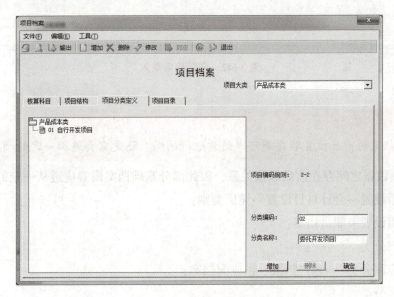

图 3-41　项目分类录入

65

☞ **注意**

输入分类编码和分类名称后,要单击"确定"按钮,而不是"增加"按钮。

4) 项目目录定义。定义项目目录是将各个大类中的具体项目输入系统。具体输入的内容又取决于项目中拟定义的项目结构。

操作步骤:

①在"项目档案"界面中选择"项目目录"页签,单击"维护",进入"项目目录维护"界面;②单击"增加",输入各项目的具体信息,输入完成的界面如图3-42所示。

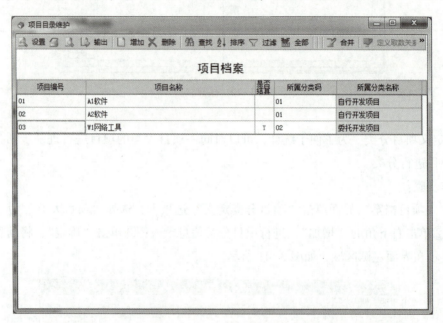

图3-42 项目档案录入

☞ **想一想**

各基础档案的前后设置顺序是可以随意进行的吗?还是需要遵循一定的顺序呢?

由于基础数据之间存在前后承接关系,因此部分基础档案设置应遵从一定的顺序。

(1) 外币设置→会计科目设置→凭证类别;

(2) 部门设置→职员档案;

(3) 客户分类
    供应商分类 →客户档案、供应商档案;
    地区分类

(4) 计量单位、存货分类→存货档案。

项目四

总账子系统

知识目标

- 了解总账子系统的主要功能。
- 熟悉总账子系统的业务处理流程。
- 理解总账参数的设置与日常业务核算、管理的关系。

技能目标

- 掌握总账子系统初始化设置。
- 具备总账子系统日常业务操作的能力。
- 具备总账期末处理的能力。

知识导图

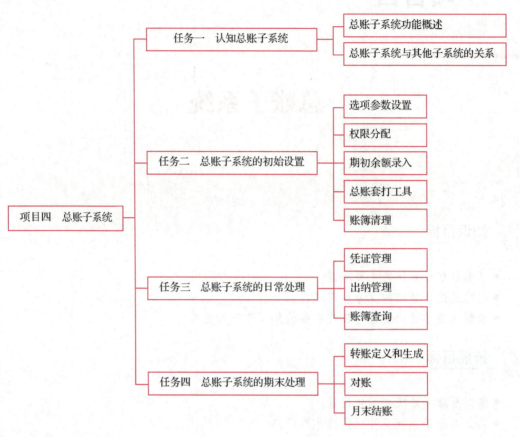

引思明理

只有过程守规矩 才能结果出成绩

本项目所学习的内容是总账子系统。在财务软件系统中，总账子系统是整个会计信息系统的核心子系统，其在统一的会计法规和会计制度规范下，标准化程度很高，也是企业分步骤实施信息化过程首选的子系统。

在启用总账子系统时，首先要进行总账参数的设置，比如序时控制、支票控制、赤字控制、凭证控制、预算控制、权限控制、打印控制等，也就是设置总账业务处理过程中所需要遵循的各种控制内容，即制定总账系统业务处理的规矩。有了规矩，账务处理的每个环节就会受到系统所定规矩的自动监督和控制，如果未遵循规矩，账务处理就无法进行或出现错误，只有按照各项参数的规定进行操作，才能顺利完成账务处理任务。

项目四　总账子系统

【启示】
我们在社会中的学习、工作和生活如同总账系统的操作，也有方方面面的规矩约束，比如社会道德、国家法律、工作纪律、规章制度等，我们必须遵纪守法、遵章守制，才能做好每一件事，顺利成长成才，为社会作出贡献。

案例导入

同学们刚接触电算化，对电算化还不了解。给企业建账完毕后，进行了初始化设置，接下来该做些什么呢？A同学："电算化就是电脑做账，接下来就和手工会计一样的做法就好了，就是比手工快一点儿而已。"A同学的观点对吗？电算化中对账务的处理仅仅是快吗？让我们一起来看看吧！

任务一　认知总账子系统

一、总账子系统功能概述

总账子系统也称账务处理子系统，是整个会计信息系统的核心子系统，其在统一的会计法规和会计制度规范下，标准化程度很高。总账子系统一直是企业分步骤实施信息化过程首选的子系统。

在信息化环境下，总账子系统的主要功能包括系统初始设置、凭证管理、出纳管理、信息查询、辅助核算管理及期末处理。

1. 系统初始设置

系统初始化是将通用的网络财务软件转化为适合企业自身特点和需求的专用软件的过程即客户化的过程，也是保持企业经济业务处理连续性的必要过程。总账子系统的初始化内容主要包括参数设置、基础档案、明细账权限及期初数据的录入。

2. 凭证管理

记账凭证是总账子系统的唯一数据来源，凭证管理是总账子系统的核心功能，主要包括填制凭证、出纳签字、审核凭证、记账、查询打印凭证及其他辅助功能，如常用凭证设置、凭证输出等。鉴于记账凭证的重要性，财务软件会对填制的记账凭证进行严格的检查和控制，以确保记账凭证的正确性。另外，成熟的财务软件还会提供资金赤字控制、制单科目控制、制单凭证类别控制、制单金额控制等功能，从而与系统管理的权限相呼应，实现了内部控制的要求。

3. 出纳管理

涉及收、付业务的记账凭证提供了出纳签字功能。此外，还可以完成现金日记账、银行存款日记账、资金日报表的查询打印，支票登记、银行对账及余额调节表的查询打印。

4. 信息查询

可以查询各类账表，包括总账、明细账、日记账、多栏账、辅助账、科目汇总表及账户余额表等。

5. 辅助核算管理

为了细化企业的核算与管理，总账子系统还提供了辅助核算管理功能。包括客户往来核算、供应商往来核算、项目核算、部门核算和个人核算等。

哪些科目应该进行辅助核算，应该进行哪种辅助核算，取决于企业的核算和管理的要求。例如，为了反映不同部门的费用情况，可以对费用科目进行部门辅助核算；为了反映客户的欠款、还款情况，可以对应收账款进行客户往来辅助核算；为了反映企业对各供应商的欠款、还款情况，可以对应付账款进行供应商往来辅助核算；为了反映职工与企业之间的往来，可以对其他应收款进行个人往来辅助核算；为了反映各产品的收入、成本情况，可以对主营业务收入和主营业务成本进行项目辅助核算等。

6. 期末处理

期末处理主要包括自动转账、对账、结账等内容。

二、总账子系统与其他子系统的关系

在财务软件中，总账子系统居于核心位置。它既可以单独使用，也可以与其他系统同时使用。它与其他子系统的关系如图 4-1 所示。

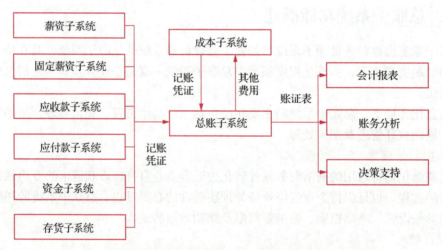

图 4-1　总账子系统与其他子系统的关系

1）若总账子系统与其他业务子系统集成应用，各子系统可以将核算结果以记账凭证的形式传递至总账子系统中，在总账子系统中再对其审核、记账等。

2）总账子系统会将除材料费、人工费、折旧费之外的其他成本费用信息传递到成本子系统，以便成本子系统正确计算产品成本。存货核算子系统、薪资子系统、固定资产子系统分别向成本子系统传递材料费、人工费、折旧费等数据。

3）总账子系统会将账证表等信息传递到会计报表子系统、财务分析子系统和决策支持子系统，以便生成会计报表、进行财务分析和决策。

项目四 总账子系统

任务二 总账子系统的初始设置

总账子系统的初始设置一般是在系统安装完成并进行初始参数设置后,由账套主管根据本单位实际情况来完成。总账子系统初始设置包括选项参数设置、期初余额录入、权限分配、总账套打工具和账簿清理等设置。

一、选项参数设置

在"业务工作"中双击"财务会计—总账—设置—选项",其基本内容包括凭证、账簿、权限、凭证打印、预算控制、会计日历、其他、自定义项核算等。

(一)"凭证"选项卡

"凭证"选项卡如图4-2所示。

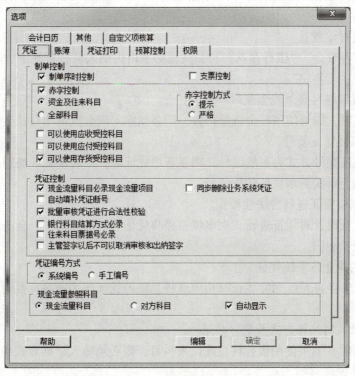

图4-2 "凭证"选项卡

1. 制单控制

(1) 制单序时控制。

此项和"系统编号"选项联用,制单时凭证编号必须按日期顺序排列。例如,1月9日已经编制10号凭证,则11号凭证只能在9号当天或之后进行编辑,即制单序时。如果有特殊需要可以将其改为不序时制单。

(2) 支票控制。

选择此项，在制单时使用银行科目编制凭证时，系统会针对票据管理的结算方式进行登记，若录入的支票号在支票登记簿中已存，系统提示登记支票报销的功能；若该支票没有支票登记簿中登记，则系统在填制凭证同时提供登记支票登记簿的功能。

（3）赤字控制。

此项在制单时，当"资金及往来科目"或者"全部科目"的最新余额出现负数时，系统将予以提示。

（4）可以使用应收受控科目。

若科目为应收款系统的受控科目，为了防止重复制单，只允许应收系统使用此科目进行制单，总账子系统不能使用此科目制单。如果在总账子系统中也使用这些科目填制凭证，则应选此项。

（5）可以使用应付受控科目。

此项为应付系统的受控科目。其他参照"可以使用应收系统科目"设置。

（6）可以使用存货受控科目。

此项为存货核算系统的受控科目，其他的参照"可以使用应收系统科目"设置。

2. 凭证控制

（1）管理流程设置。

若要求"库存现金""银行存款"科目凭证必须由出纳人员核对签字后才能记账，则选择"凭证必须经主管签字"。

（2）现金流量科目必录现金流量科目。

在录入凭证时，如果使用现金流量科目，则必须输入现金流量项目及金额。

（3）自动填补凭证断号。

如果选择凭证编号方式为系统编号，则在新增凭证时，系统按凭证类别自动查询本月的第一个断号默认为本次新增凭证的凭证号。

（4）批量审核凭证进行合法性校验。

批量审核凭证时针对凭证进行二次审核，提高凭证输入的正确率，合法性校验与保存凭证时的合法性校验相同。

（5）同步删除业务系统凭证。

选中此项后，业务系统删除凭证时相应地将总账的凭证同步删除；否则，将总账凭证作废，不予删除。

（6）凭证录入时结算方式及票号必录。

在录入凭证时，如果使用银行科目或往来科目，则必须输入结算方式和票据号。

3. 凭证编号方式

系统在"填制凭证"功能中一般按照凭证类别按月自动编制凭证号，即"系统编号"，但有的企业需要系统允许在制单时手工录入凭证编号，即"手工编号"。

4. 现金流量参照科目

现金流量参照科目用来设置现金流量录入界面的参照内容和方式。

（二）"账簿"选项卡

"账簿"选项卡的内容如图 4-3 所示。

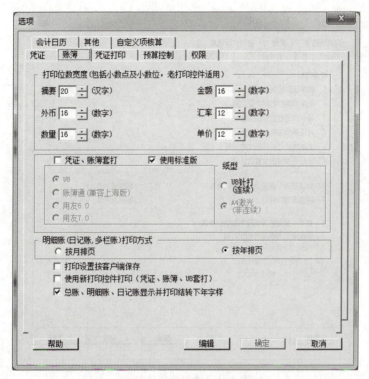

图 4-3 "账簿"选项卡

1）打印位数宽度，用来定义正式账簿打印时各栏目的宽度。

2）明细账（日记账、多栏账）打印方式，设置打印正式明细账、日记账或多栏账时，按年排页还是按月排页。

（三）"权限"选项卡

"权限"选项卡的内容如图 4-4 所示。

1）制单权限控制到科目。

选择此项，在制单时，操作员只能使用具有相应的制单权限的科目制单。

2）制单权限控制到凭证类别。

选择此项，则在制单时，只显示此操作员有权限的凭证类别；在凭证类别参照中按人员的权限过滤出有权限的凭证类别

3）操作员进行金额权限控制。选择此项，可以对不同级别的人员进行金额大小的控制。例如，财务主管可以对 10 万元以上的经济业务制单，一般财务人员只能对 10 万元以下的经济业务制单，这样可以减少不必要的责任事故带来的经济损失。

4）凭证审核控制到操作员。只允许某操作员审核其部门操作员填制的凭证，则应选择"凭证控制到操作员"，同时在系统管理的"数据权限"设置中设置用户权限，再选择此项，权限设置才有效。

5）出纳凭证必须经由出纳签字。若要求现金、银行科目凭证必须由出纳人员核对签字后才能记账，则选择此项。

6）凭证必须经由主管会计签字。如要求所有凭证必须由主管签字后才能记账，则选择

会计电算化

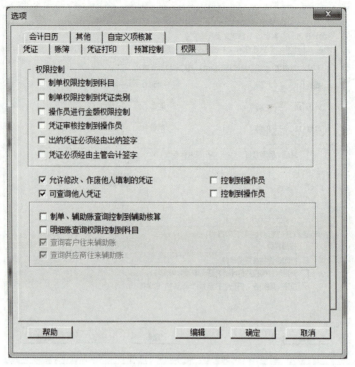

图 4-4 "权限"选项卡

此项。

7) 可查询他人凭证。如允许操作员查询他人凭证，则选择"可查询他人凭证"选项。

8) 允许修改、作废他人填制的凭证。若选择此项，在制单时可修改或作废他人填制的凭证，否则不能修改。如选择"控制到操作员"，则要在系统管理的"数据权限"设置中设置用户权限，再选择此项，则在填制凭证时，操作员只能对相应人员的凭证进行修改或作废。

9) 明细账查询权限控制到科目。这是权限控制的开关，在系统管理中设置明细账查询权限，必须在总账子系统选项中打开，才能起到控制作用。

10) 制单、辅助账查询控制到辅助核算。设置此项权限，制单时才能使用有辅助核算属性的科目录入分录，辅助账查询时只能查询有权限的轴助项内容。

(四)"凭证打印"选项卡

"凭证打印"选项卡的内容包括：合并凭证显示、打印；打印凭证的制单、出纳、审核、记账等人员姓名；打印包含科目编码：在打印凭证时，是否自动打印科目编码；摘要与科目打印内容设置；打印转账通知书；凭证（5~20）、正式账每页打印行数（25~60），老打印控件适用，如图 4-5 所示。

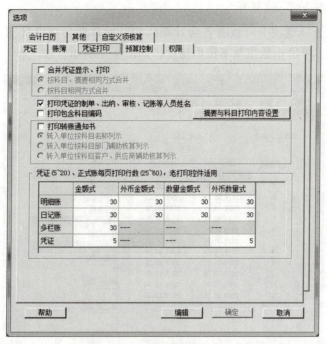

图 4-5 "凭证打印"选项卡

(五)"预算控制"选项卡

"预算控制"选项卡的内容如图 4-6 所示。

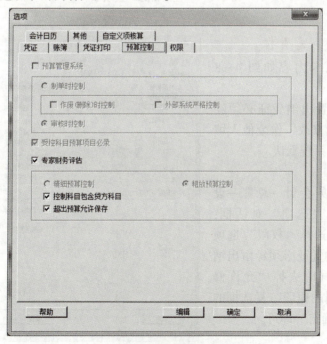

图 4-6 "预算控制"选项卡

(六)"会计日历"选项卡

通过"会计日历"选项卡可查看各会计期间的开始日期与结束日期。另外,这里还可以更改数量小数位、单价小数位及本位币精度,如图4-7所示。

图4-7 "会计日历"选项卡

(七)"其他"选项卡

"其他"选项卡内容如图4-8所示。

【例4-1】设置出纳凭证必须经由出纳签字;不能修改、作废他人填制凭证;其他采用系统默认。

操作步骤:

①双击"财务会计—总账—设置—选项",进入"选项"对话框;②单击"编辑",选择"权限"选项卡;③选中"出纳凭证必须经由出纳签字"复选框,同时去掉"允许修改、作废他人填制的凭证"复选框的"√",④单击"确定"即可。

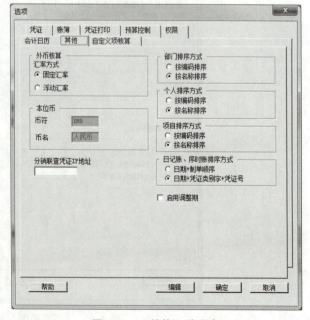

图4-8 "其他"选项卡

二、权限分配

（一）数据权限分配

双击"总账—设置—数据权限分配"，进行数据权限分配界面，就可以进行相应的数据权限的设置。数据权限设置包括记录权限分配和字段权限分配。记录权限分配是指对具体业务对象进行权限分配。字段权限分配是对单据中包含的字段进行权限分配。

（二）金额权限分配

双击"总账—设置—金额权限分配"进入"金额权限分配"界面，可以进行相应的金额权限的设置。

三、期初余额录入

在初次使用总账子系统时，为保证会计数据的连贯性，并与手工账簿数据相衔接，需要将各种基础数据输入系统。如果系统中已有上年的数据，则直接使用"结转上年余额"功能，上年各账户余额就会自动结转到本期。

期初余额录入分为年初期初余额的录入和年中期初余额的录入。

（一）年初期初余额的录入

操作步骤：

以账套主管的身份登录"财务会计—总账—设置—期初余额"，进入"期初余额"界面，进行期初数据录入。

下面介绍几种科目余额的录入方法：

1. 基本会计科目期初余额的录入

基本会计科目是指没有明细会计科目（即一级会计科目），且没有辅助核算的会计科目，这种会计科目的期初余额的界面底色是白色的，双击相应科目的"期初余额"栏，可直接录入数据。例如，"库存现金"期初余额为8750，双击录入相应数字，如图4-9所示。

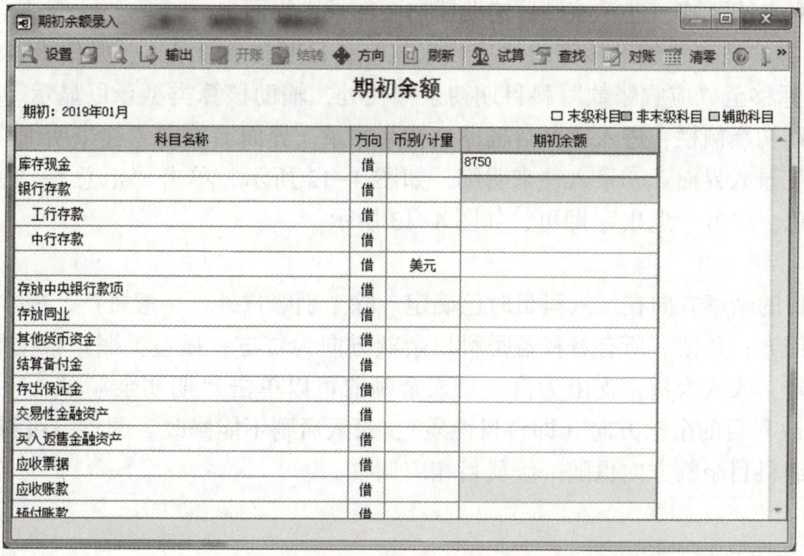

图4-9　基本会计科目期初余额录入

2. 明细会计科目期初余额录入

有明细会计科目的总分类账期初余额不能直接录入数据,其在"期初余额录入"界面的区域是灰色的。例如,"银行存款"科目,其期初余额是根据其下级会计科目的期初余额自动汇总计算出来的,即只要在该会计科目的末级输入期初余额,系统就会自动计算其上级科目的余额。例如"银行存款"科目的期初余额 = "银行存款-工行存款"明细科目的期初余额,都为"259 480.89"元,则只需要双击"银行存款—工行"的期初余额栏,输入金额,如图4-10所示,"银行存款"就会自动显示"259 480.89"元。若中行存款有余额时,先要录入人民币金额,再录入美元金额。

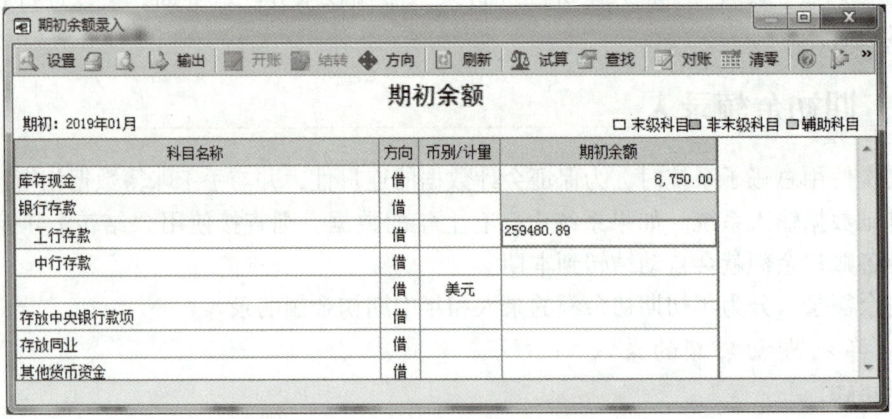

图4-10 明细会计科目期初余额录入

> **提示**
> 如果要录入期初余额的会计科目有数量核算的要求,则需要录入本位币余额和数量结存。

3. 有辅助核算会计科目的期初余额录入

若某会计科目设置了辅助核算,则期初余额不能直接录入。要输入这类会计科目的期初余额,需要双击该区域,进入该科目辅助期初余额录入界面。

例如,"客户往来"辅助核算的"应收账款"科目期初余额录入,操作步骤:①如图4-11所示,鼠标移至"应收账款"科目期初余额栏处,辅助核算类型予以显示。②双击"应收账款"的期初余额栏,进入该科目辅助期初余额录入界面,单击"往来明细",进入"期初往来明细"录入界面。③录入往来明细,如图4-12所示,单击"汇总",完成往来明细辅助期初汇总,单击"退出"即可,如图4-13所示。

4. 调整余额方向

每个科目的余额方向在录入科目时已确定。除个别账户外,一般资产、成本类会计科目余额方向为借方;负债、所有者权益类科目余额方向为贷方;损益类账户根据账户的收入、支出性质而定,收入为贷,支出为借。录入余额前可以单击"期初余额录入"界面上方的"方向",修改科目的余额方向(即科目性质),录入后则不能修改。调整一级科目的余额方向后,其下级科目余额方向也随一级科目相应调整。

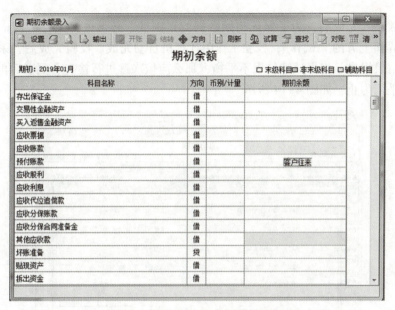

图 4-11 双击"应收账款"余额栏

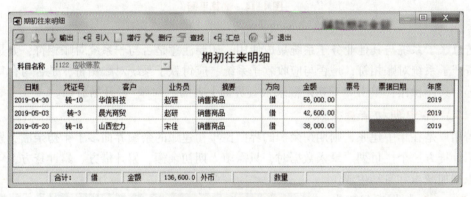

图 4-12 往来明细录入

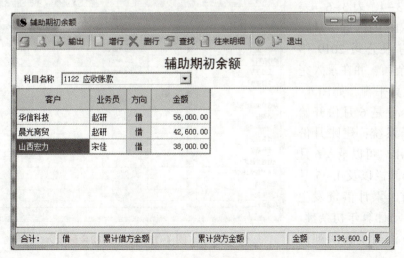

图 4-13 往来明细辅助期初表

5. 试算平衡

期初余额输入完成后，为了保证初始数据的正确性，必须进行试算平衡。单击"期初余额录入"界面上方的"试算"，校验工作由计算机自动完成。校验完成后，系统会自动生成一个校验结果报告。如果试算结果不平衡，那么应依次逐进行检查、更正后再次进行试算平衡，直至平衡为止，如图4-14所示。

图4-14 试算平衡

6. 对账

若总账子系统与其他业务子系统集成使用，还要注意是否与子系统对账相符，如是否与固定资产子系统对账相符，是否与应收款子系统、应付款子系统对账相符，是否与存货对账相符等。具体操作：单击"期初余额录入"界面上方的"对账"，开始对账。

（二）年中期初余额录入

若用户是在年中建账，则期初余额的界面比年初建账的余额界面多了年初余额、累计借方、累计贷方三个栏目列。录入数据时，只需填入期初余额、累计借方、累计贷方，年初余额会根据加减求和自动生成。

【例4-2】根据项目三中表3-2、表3-4、表3-6、表3-7、表3-10的信息，录入山西科源有限公司2019年6月的期初余额，并在录入完成后进行试算平衡，如图4-15所示。企业是6月份开始使用总账子系统，建账月份为6月，则用户可以录入6月初的期初余额栏以及1~5月的累计借方、累计借贷发生额，系统自动计算年初余额。具体操作方法与上述所列的

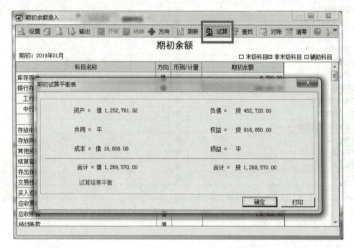

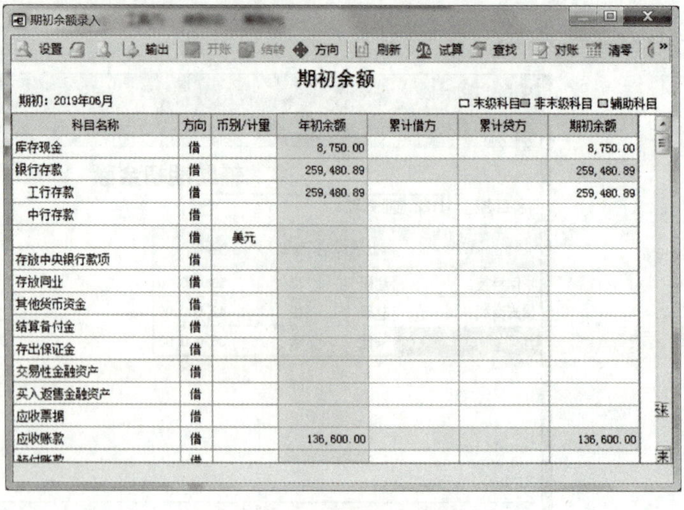

图4-15 年中期初余额录入

年初期初余额的录入方法相同，在这里不再赘述。

四、总账套打工具

此功能是对凭证和账簿套打格式的设置。

五、账簿清理

当年初建完账后，若发现账簿太乱或错误太多，这时就需要执行"账簿清理"功能，系统将已建好的账全部冲掉，重新开始建账。账簿清理将冲掉本年各账户的余额和明细账，并将上一年的会计科目、部门目录、个人目录、客户分录、供应商分类、项目目录、凭证类别转入本年。若本年为账套启用年，则冲掉本年各账户的余额和明细账，只保留会计科目、部门目录、客户目录、供应商分类、项目目录和凭证类别等。执行账簿清理后，应重新调整科目和余额。执行账簿清理将冲掉本年录入的所有余额和发生额，所以执行时一定要慎重，最好在执行时先进行数据备份。

> ☞注意
> 账簿清理只能由账套主管来完成。

任务三　总账子系统的日常处理

一、凭证管理

记账凭证是登记账簿的依据，也是账务处理系统的数据来源。填制凭证是最基础和最频繁的工作。在使用会计软件处理账务后，系统生成的电子账簿是否准确和完整，完全依赖于记账凭证。因此在实际工作中，必须确保准确完整地输入记账凭证。

【例4-3】假定该企业2019年6月发生以下10笔经济业务：
1月2日，财务部马丽从工行提取现金10 000元作为备用金（现金支票号为XJ2012）。
借：库存现金　　　　　　　　　　　　　　　　　　　　　10 000
　　贷：银行存款——工行存款　　　　　　　　　　　　　　　　10 000
2月3日，收到华信科技的转账支票1张（票号ZZ2131），金额为42 600元，用以归还前欠款。
借：银行存款——工行存款　　　　　　　　　　　　　　　42 600
　　贷：应收账款　　　　　　　　　　　　　　　　　　　　　　42 600
3月6日，李坤泽出差归来，报销差旅费5 000元。
借：管理费用——其他费用　　　　　　　　　　　　　　　 5 000
　　贷：其他应收款　　　　　　　　　　　　　　　　　　　　　 5 000
4月9日，市场部宋佳向晨光商贸销售多媒体教程1 000册，开出的增值税专用发票注明销售单价为56元，增值税税率13%，款项尚未收到。

借：应收账款 63 280
  贷：主营业务收入 56 000
    应交税费——应交增值税——销项税额 7 280

5月10日，委托银行代发4月职工工资58 000元（转账支票票号ZZ5192）。
借：应付职工薪酬——应付工资 58 000
  贷：银行存款——工行存款 58 000

6月16日，市场部赵研向北京万科购入多媒体课件200套，单价25元，增值税税率为13%款项暂欠，商品已验收入库。
借：库存商品——多媒体课件 5 000
  应交税费——应交增值税——进项税额 650
  贷：应付账款 5 650

7月20日，收到集美集团投资款100 000美元。
借：银行存款——中行存款 640 000
  贷：实收资本 640 000

8月23日，经理办公室支付业务招待费2 000元（转账支票票号ZZ5231）。
借：管理费用——其他费用 2 000
  贷：银行存款——工行存款 2 000

9月23日，支付广告费5000元。（转账支票票号ZZ5243）。
借：销售费用——广告费 5 000
  贷：银行存款——工行存款 5 000

10月25日，分配本月工资费用。
借：管理费用——工资费用（经理办公室） 8 000
  管理费用——工资费用（财务部） 14 870
  销售费用——工资费用（市场部） 14 004
  制造费用——工资费用（开发部） 12 105
  生产成本——直接工资（A1软件） 9 021
  贷：应付职工薪酬——应付工资 58 000

现以上述部分业务为例，对凭证管理的功能进行介绍。

（一）凭证的编辑

1. 填制记账凭证

（1）普通凭证填制

以业务1为例进行介绍。

2日，财务部马丽从工行提取现金10 000元作为备用金（现金支票号为XJ2012）。

☞ **提示**

对于库存现金与银行存款之间的收付业务，为避免重复记账，在我国会计实务中，只需编制一张付款凭证而不编制收款凭证。

操作步骤：
以制单人（002王明）的身份登录"企业应用平台——业务工作页签"，如图4-16所示。

①在"业务工作"中,双击"财务会计—总账—凭证—填制凭证"菜单,进入凭证填制界面;②单击"增加"进入凭证编辑状态;③在凭证中依次输入相关信息:选择"凭证类型"为"付";"制单日期"自动为系统的登录日期"2019.06.02";输入"附单据数"为"1"张;在"摘要"栏内录入摘要"提现";填列"科目名称"时,单击在栏内右侧下拉菜单,选择此业务所需的会计科目(1001 库存现金)或直接在栏内输入"1001"即可;在"借方金额"中输入"10 000"元;按 Enter 键,进行第二行分录的录入,摘要自动带出,录入方法与上述方法一致。当会计科目有银行账核算要求时(如银行存款科目),需要输入相应的结算方式"现金支票"及票据号"XJ2012",单击"确定",在贷方金额栏内输入金额"10 000"或直接点击"=",自动生成与借方一致的金额;④单击"保存",将凭证保存到系统中,如图 4-17 所示。

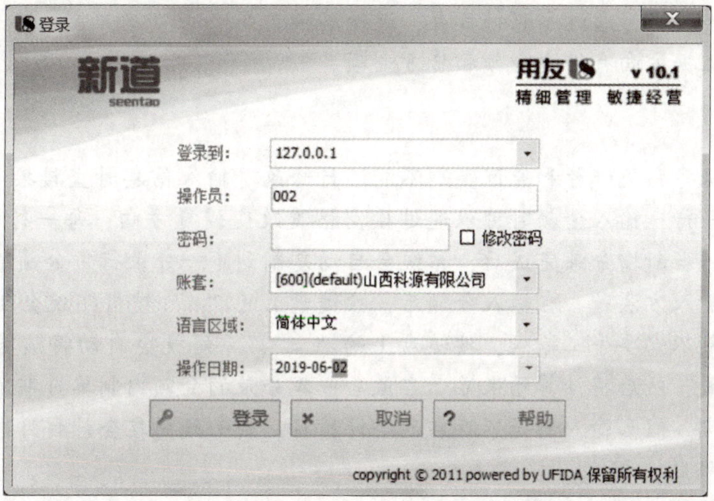

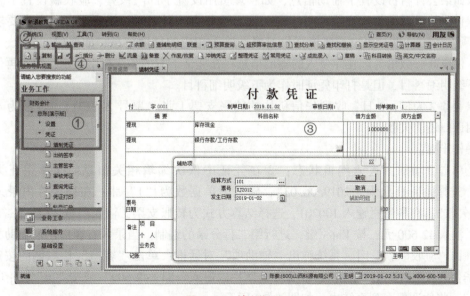

图 4-16 制单人 002 登录企业应用平台

图 4-17 填制凭证

> **提示**
>
> • "字"表示凭证的类别。可根据经济业务参照选择。选择确认后，凭证编号会根据设置自动产生。
>
> • 制单日期即经济业务发生的会计期间，根据参数设置，必须序时。
>
> • 附单据数，即为所附原始凭证的张数，直接录入。
>
> • 摘要是对经济业务的简要说明，可录入，也可以事先建立常用摘要，在这里参照选择。
>
> • 与手工记账凭证不同的是，借贷科目对应的每一行都应写清楚摘要，以保证数据库的每条记录摘要都有数据。
>
> • 科目名称，即应借、应贷科目，系统要求必须使用末级科目，建议最好使用科目编码，可双击该单元格，通过参照科目表，选择编辑。
>
> • 金额，根据方向有借方金额和贷方金额。

> **注意**
>
> 凭证一旦保存，凭证号和凭证类别不能进行修改。输入信息时直接按 Enter 键光标将会自动移到下一行；输入金额时可以通过按空格键改变借贷方向；每一行摘要必须输入，但可以不一样。当新增分录完成后，系统会自动复制到下一分录行。金额不能为零，负数以红色表示，输入方法是，在输入金额后，按键盘上的"−"键数字就会变成红色。最后一笔分录的金额不需要手工输入，按键盘上的"="，系统就会自动将该凭证前面分录的借贷方进行加减，然后将计算结果显示在最后一笔分录的金额内制单日期不能超前于系统总账的启用日期。假如输入的是不存在的会计科目，则必须先在会计科目进行增加，然后才选择输入该科目。

（2）填制有辅助核算信息的凭证。

假如某会计科目设置了辅助信息，如管理费用设置了部门核算、应收款设置了客户往来、应付账款设置了供应商往来等，则在输入这些会计科目时，系统会自动弹出要求输入"辅助项"的对话框。用户需要根据科目属性输入相应的辅助信息，如部门、个人、项目、客户、供应商、数量等。在此录入的辅助信息将在凭证下方的备注栏中显示，而不再作为科目的下级明细科目，但是打印凭证时作为下级明细科目。

以业务 2 为例，3 日，收到华信科技的转账支票 1 张（票号 ZZ2131），金额为 42 600 元，用以归还前欠款。

操作步骤：

①单击"增加"进入编辑状态；②在凭证中依次编辑相关信息：选择凭证类型为"收"；选择凭证日期为"2019.06.03"；输入附单据数为"1"张；在摘要栏内录入摘要"收到欠款"；在科目栏输入 100201，选择结算方式为转账支票，输入票号 ZZ2131，在借方金额栏输入 42 600 元，按 Enter 键，进行第二行分录的编制。当录入有客户往来辅助核算的会计科目"应收账款"时，系统弹出"辅助项"对话框；单击"客户"栏右侧的按钮，选择"华信科技"；单击"确定"；在贷方金额栏内输入金额"42 600"或按"="键；③单击"保存"，将凭证保存到系统中，如图 4-18 所示。

项目四 总账子系统

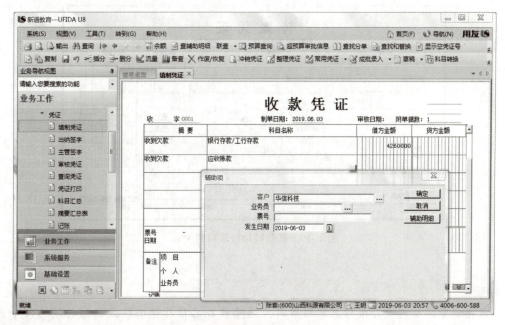

图4-18 有辅助核算信息的凭证录入

若涉及数量辅助核算，需要录入该科目的数量和单价，系统自动计算该科目的发生额，以业务4为例进行介绍：

9日，市场部宋佳向晨光商贸销售多媒体教程1 000册，开出的增值税专用发票注明销售单价为56元，增值税税率13%，款项尚未收到。

借：应收账款　　　　　　　　　　　　　　　　　　　　　　　　　63 280

　　贷：主营业务收入——多媒体教程　　　　　　　　　　　　　　56 000

　　　　应交税费——应交增值税——销项税额　　　　　　　　　　 7 280

操作步骤：①单击"增加"进入编辑状态；②在凭证中依次编辑相关信息：选择凭证类型为"转"；选择凭证日期为"2019.06.09"；在摘要栏内录入摘要"销售商品"；在科目栏输入1122，客户选择"晨光商贸"，业务员选"宋佳"，单击"确定"；在借方金额栏输入63 280元，按Enter键，进行第二行分录的编制。当录入有数量辅助核算的会计科目"主营业务收入-多媒体教程"时，系统弹出"辅助项"对话框中输入数量（1000册）和单价（56）；单击"确定"；自动计算金额"56 000"，按空格键将"56 000"移到"贷方金额"中；按Enter键输入第三个分录：应交税费—应交增值税—销项税额（22210102），在贷方金额中按"＝"；③单击"保存"，将凭证保存到系统中，如图4-19所示。

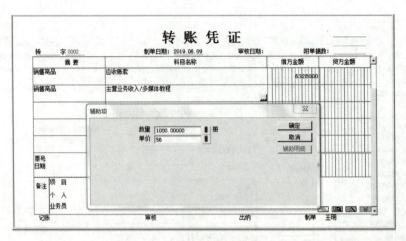

图 4-19 数量辅助核算科目制单

> **注意**
> 当凭证中涉及需要外币核算的科目时，选择科目名称后凭证格式自动转换为外币式。若是固定汇率，系统按照该期 1 日录入的记账汇率自动折算；若是浮动汇率，则需要在显示的汇率栏进行修改。

涉及外币核算业务的凭证以业务 7 为例：

20 日，收到集美集团投资款 100 000 美元。

借：银行存款——中行存款　　　　　　　　　　　　　　　640 000
　　贷：实收资本　　　　　　　　　　　　　　　　　　　640 000

操作步骤：①单击"增加"进入编辑状态；②在凭证中依次编辑相关信息：选择凭证类型为"收"；选择凭证日期为"2019.06.20"；在摘要栏内录入摘要"收到集美集团投资款"；在科目栏输入有外币核算的科目"100202"时，金额栏出现还有记账汇率（6.4）的"外币"栏，输入美元金额（10 000），借方金额自动生成折算的人民币金额 64 000 元，按 Enter 键，进行第二行分录的编制；③单击"保存"，将凭证保存到系统中，如图 4-20 所示。

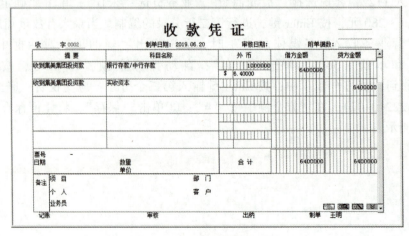

图 4-20 外币核算凭证填制

知识拓展

若在填制凭证过程中，需要进行其他的工作而无法继续编制凭证，可以通过"草稿"功能，将填制未完成的凭证进行保存，待以后继续编制。

操作步骤：

在编制了一部分凭证制单的界面上，单击界面上方的"草稿—凭证草稿保存"，如图 4-21 所示；即弹出"凭证草稿保存成功"的对话框。待该凭证需要在此编辑时，在填制凭证界面单击"草稿—凭证草稿引入"即可继续对该凭证进行编辑。

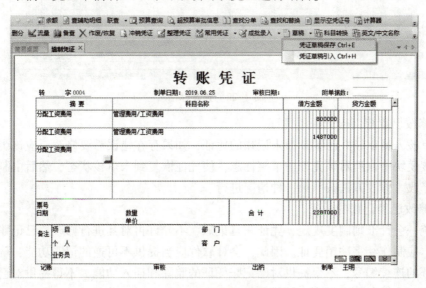

图 4-21 草稿功能

☞ 注意

系统中只能存在一张草稿，需要其他凭证进行草稿保存时，系统会给出提示"是否对之前草稿进行覆盖"。

2. 修改凭证

凭证可以修改的内容一般包括摘要、科目、金额及方向等。凭证类别、编号一旦生成，不能修改。制单日期的修改也会根据制单序时控制而受到限制。在对凭证进行修改后，系统仍然会按照凭证录入时的校验标准来对凭证内容进行检查，只有满足校验条件后，才能进行保存。

凭证的修改一般有以下几种情况：

（1）修改未审核或审核标错的凭证。

1）对未审核的凭证进行修改：可以由制单人在"凭证—填制凭证"中，找到需要修改的凭证，直接进行修改并保存。

2）对审核标错的凭证进行修改：

审核人员对一张凭证进行审核时发现有错后，会单击界面上方"标错"，在"填写凭证错误原因"对话框中输入错误原因，单击"确定"，传递回制单人处进行凭证的修改。在修改保存后，凭证上方的出错标记将会消失。如图 4-22 所示。

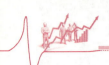

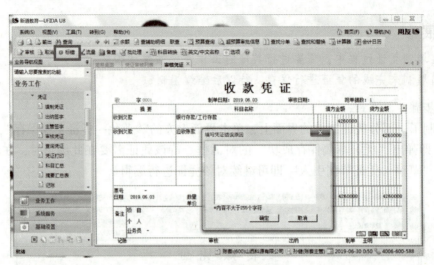

图 4-22 凭证标错

（2）修改已审核而未记账的凭证。

经过审核人员审核并已签章而未记账的凭证，如果存在错误需要修改，应该由审核人员首先在审核模块中取消对该凭证的审核标志，使凭证恢复到未审核状态，然后由制单人员对凭证进行修改。修改方法按照第一种情况进行。

（3）修改已经记账的凭证。

国家统一会计准则制度规定，凭证一旦记账，不允许再对其进行修改。已记账的凭证发生错误时，应制作红字冲销凭证。因此，会计软件应当提供不可逆的记账功能，确保对同类已记账凭证的连续编号，不得提供对已记账凭证的删除和插入功能，不得提供对已记账凭证日期、金额、会计科目和操作人的修改功能。

【例4-4】假设填制的凭证都已记账，现发现付字第1号凭证错误，需红字冲销该凭证。

操作步骤：

①在填制凭证界面中，选择"冲销凭证"，按要求依次输入要冲销的凭证月份、凭证类别、凭证号，如图4-23所示。

图 4-23 冲销凭证选择

②单击"确定",系统自动生成与原凭证科目一致,金额部分为红字的冲销凭证,如图4-24所示。

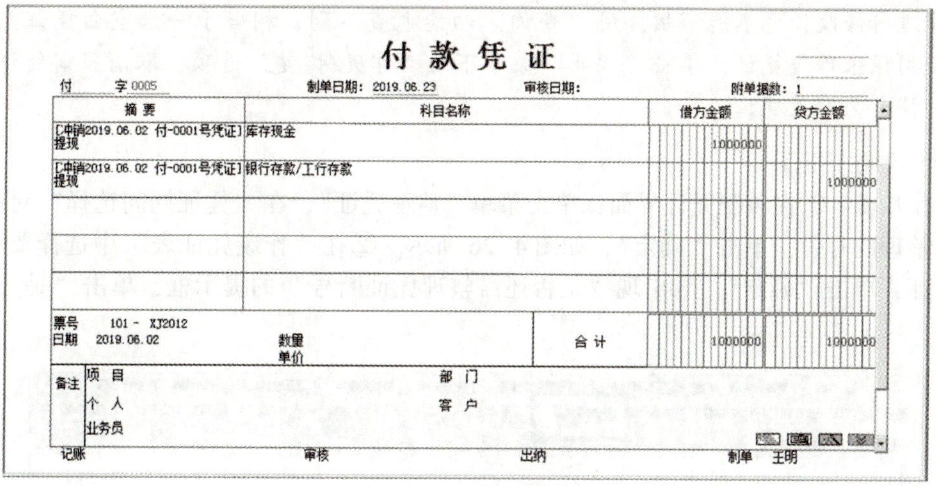

图 4-24　生成的冲销凭证

(4) 修改他人制作的凭证。

如果需要修改他人制作的凭证,在账务处理模块参数设置中需要选中允许修改和作废他人凭证的选项。修改后凭证的制单人将显示为修改凭证的操作人员。如果参数设置中选择不允许修改他人凭证,则该功能将不能被执行。

3. 作废、删除凭证

如果在凭证未审核前,发现凭证有误需要作废或删除,可以使用"作废/恢复"功能。

【例4-5】将【例4-4】中刚生成的红字冲销凭证进行作废、删除。

(1) 作废凭证操作步骤:

在填制凭证界面,找到要作废的凭证,单击"作废/恢复",则凭证左上角显示"作废"字样,如图4-25所示。

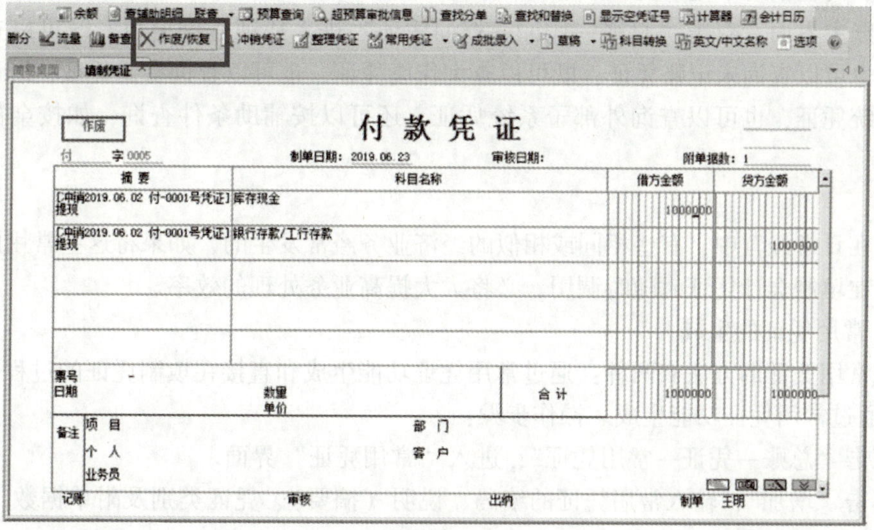

图 4-25　作废凭证

> **提示**
> 有"作废"标记的,表示该凭证已作废,但该作废凭证的内容及编号仍然保留,只是不能进行修改,也不能审核,用"查询"功能也查不到,相当于一张空白凭证;如果还想使用该张作废凭证,单击"编辑"菜单下的"作废/恢复"选项,取消当前凭证作废标志,恢复为有效凭证。

(2) 删除凭证。

操作步骤:①在填制凭证界面,单击菜单"整理凭证",在"凭证期间选择"对话框中选择要整理的月份,单击"确定",如图4-26所示。②在"作废凭证表"中选择要删除的作废凭证,单击"确定"。③出现"是否还需整理凭证断号"的提示框,单击"是",凭证删除。

图4-26 凭证期间选择

4. 查询凭证

凭证查询包括对未记账凭证的查询和已记账凭证的查询。

在总账主界面,双击"总账—凭证—查询凭证"进入凭证查询窗口,既可以查询已记账凭证,也可以查询未记账凭证;既可以查询作废凭证,也可以查询有错凭证;既可以查询总账子系统凭证,也可以查询外部子系统凭证,还可以按辅助条件查询,如按金额范围查询等。

5. 常用凭证

企业在日常经营中,有些相同或相似的经济业务经常发生的,如果将这些常用的凭证存储起来,在填制会计凭证时随时调用,必将大大提高业务处理的效率。

(1) 常用凭证的生成。

生成常用凭证的方法有两种:通过常用凭证功能生成和直接在填制凭证的过程中生成。

1) 通过常用凭证功能生成。操作步骤:

①双击"总账—凭证—常用凭证",进入"常用凭证"界面。

②单击"增加",输入常用凭证的编码、说明(摘要)、凭证类别及附单据数,如图4-27所示。

项目四　总账子系统

图 4-27　利用"常用凭证"功能增加

③单击"详细",进入"常用凭证"详细录入界面。通过"增分"功能,在此界面录入常用凭证的各会计科目、数量、借贷方金额等相关详细的资料,如图 4-28 所示。

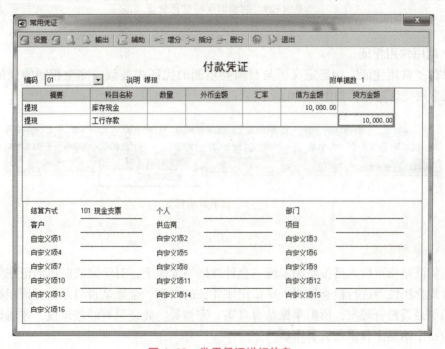

图 4-28　常用凭证详细信息

2)直接在填制凭证的过程中生成。当用户认为某张凭证可以作为常用凭证保存,可直接在填制凭证时,单击"生成常用凭证",将该凭证保存在常用凭证中。

操作步骤：

①填制好凭证后，单击菜单栏的"常用凭证—生成常用凭证"，如图4-29所示。②在系统弹出的"常用凭证生成"对话框中输入"代号"（即该常用凭证编号）和"说明"（即该常用凭证的摘要），单击"确认"即可。

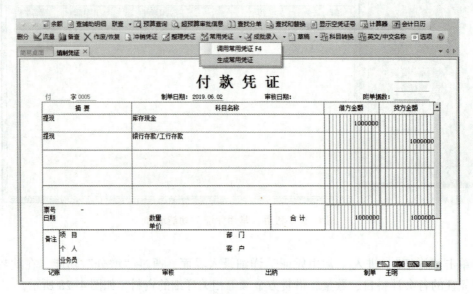

图4-29　制单时生成常用凭证

（2）调用常用凭证。

如果在"常用凭证"中已定义了与目前要填制的凭证相类似或完全相同的凭证，则可执行调用常用凭证功能，如图4-30所示。

图4-30　调用常用凭证

（二）审核凭证

审核凭证是指审核人员按照国家统一会计准则制度规定，对于完成制单的记账凭证的正确性、合规合法性等进行检查核对，审核记账凭证的内容、金额是否与原始凭证相符，记账凭证的编制是否符合规定，所附单据是否真实、完整等。凭证只有经过审核，才能记账。审核主要包括出纳签字和审核人员审核。

1. 出纳签字

如果企业在总账选项中选中"出纳凭证必须经由出纳签字"复选框，那么，涉及库存现金或银行存款相关科目的凭证，在审核凭证之前，需要由出纳人员对凭证进行检查、核对，正确无误后签字。

项目四 总账子系统

【例 4-6】 对【例 4-3】山西科源本月发生的 10 笔业务中的收、付款业务执行出纳签字。

操作步骤：

①由出纳人员"003 马丽"登录企业应用平台，在"业务工作"中双击"财务会计—总账—凭证—出纳签字"，进入出纳凭证选择条件窗口，如图 4-31 所示。

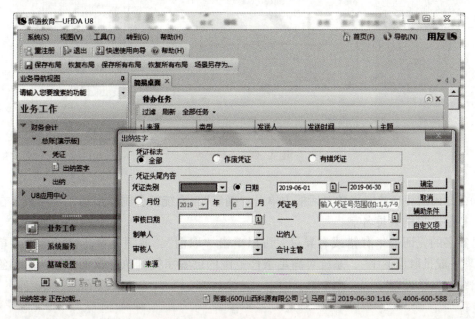

图 4-31 出纳凭证选择条件窗口

②单击"确定"，进入"出纳签字列表"界面，如图 4-32 所示。

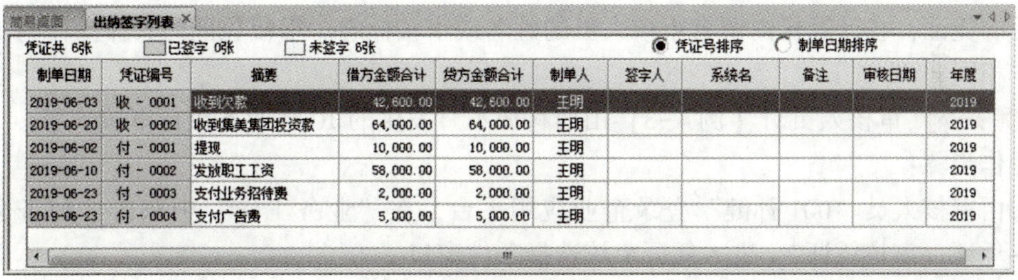

图 4-32 出纳签字列表

③双击待签字凭证，进入需签字的收付款凭证界面，待凭证检查、核对无误后，单击界面左上角的"签字"，在凭证底部出现出纳人姓名。

若出纳同时核对了一批凭证，可以单击菜单"批处理—成批出纳签字"功能，对满足条件范围的凭证执行批量签字，如图 4-33 所示。

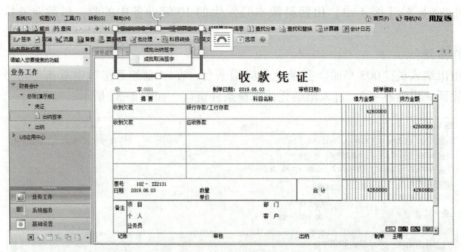

图 4-33　出纳签字

④在弹出的凭证签字张数对话框中单击"确定",系统就会刷新出纳签字列表,在"签字人"栏显示出纳人员名字。

已签字的凭证如果有错或有异议,可以单击"取消",取消签字。也可单击菜单下的"批处理—成批取消签字",系统对满足条件范围的已签字凭证执行取消签字,取消签字只能由出纳人自己进行。

☞ **注意**

只有在会计科目中指定现金总账、银行总账科目,才能执行出纳签字的操作。

2. 审核人员签字

电算化中,记账凭证只有经过审核确认后,才能生效,并用于记账和编制报表。经审核签章后的凭证,在计算机内留有审核人员的姓名或审核标志。审核凭证的具体操作与出纳签字基本相同。

【例 4-7】审核人员对【例 4-3】山西科源本月发生的 10 笔业务执行审核签字。

操作步骤:

①由审核人员"001 孙健"登录企业应用平台,在"业务工作"中双击"财务会计—总账—凭证—审核凭证",进入凭证审核选择条件窗口。

②单击"确定",进入凭证一览表界面。

③双击待签字凭证;查看待审核凭证。

·检查、核对无误后,单击界面左上角的"签字",在凭证底部出现审核人姓名。若同时核对一批凭证,可以单击菜单"批处理—成批审核签字"功能,对满足条件范围的凭证执行批量签字。

·若凭证有误,则需对该凭证进行"标错",退回至制单人员进行凭证修改。

④在弹出的凭证签字张数对话框中单击"确定",系统就会刷新"凭证审核列表",在"签字人"栏显示出审核人员名字。

☞ 注意

审核人员和制单人员不能是同一人;审核凭证只能由具有审核权限的人员进行;已经通过审核的凭证不能被修改或者删除,如果要修改或删除,需要审核人员取消审核签字后,才能进行;审核未通过的凭证必须进行修改,并通过审核后方可被记账。

3. 主管签字

如果企业在总账选项中设置"凭证必须经由主管会计签字",那么,在审核凭证之前,由主管会计对所有记账凭证进行检查、核对,正确无误后签字。操作方法同出纳签字和审核签字。

(三) 记账

记账即登记账簿,是由具有记账权限的人员,通过记账功能发出指令,将审核无误的临时凭证文件转移到正式凭证文件。记账前必须进行数据备份,以防记账过程中断后数据被破坏,一旦记账过程中由于断电、死机或其他原因出现异常,利用备份的数据可恢复到记账前状态,重新记账。

1. 记账

【例 4-8】对上述已审核凭证记账。

操作步骤:

①双击"总账—凭证—记账",在弹出的"记账"对话框中单击"全选",将全部凭证勾选,如图 4-34 所示。

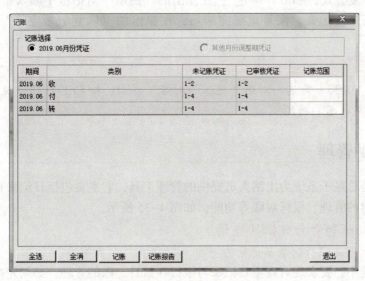

图 4-34 "记账"对话框

☞ 提示

可以选择记账范围,选择部分记账凭证进行记账。

②单击"记账",弹出"试算结果平衡"对话框,单击"确定",系统开始记账,等待几秒钟,弹出"记账完毕"对话框,所有凭证信息已登入账簿。

会计电算化

> ☞ 注意
> 　　期初余额不平衡、不能记账；上月未结账，本月不可记账；未被审核的凭证不能记账；一个月可以一天记一次账，也可以一天记多次账，还可以多天记一次账；记账过程中，不应人为终止。

2. 取消记账

在已记账的凭证中发现很多凭证有误的，必须在本月修改，可利用"恢复记账前状态"功能，将本月已记账的凭证恢复到未记账状态；但对已结账的月份，不能恢复记账前状态，如需恢复，必须先取消结账。

操作步骤：

①双击"总账—期末—对账"进入"对账"界面。

②按 Ctrl+H，系统弹出"恢复记账前状态功能已被激活"对话框。

③此时，"恢复记账前状态"的功能被激活，出现在"总账-凭证"中，双击此功能，弹出"恢复记账前状态"对话框。

> ☞ 提示
> 　　一个月可以多次记账，恢复记账前状态功能给用户提供了"恢复方式"以供选择。用户可恢复最近一次的记账，也可以恢复到月初状态（整个月已记账的凭证全部进行恢复）。

④选择好恢复方式，单击"确定"，在弹出的"提示"对话框中输入账套主管的密码，系统会自动进行恢复记账。恢复记账完毕后，在弹出的"恢复记账完毕"对话框中单击"确定"即可。

> ☞ 提示
> 　　再次双击"总账—期末—对账"进入"对账"界面；按 Ctrl+H 组合键，即可重新隐藏"恢复记账前状态"功能。

二、出纳管理

出纳管理是总账子系统为出纳人员提供的管理工具，它主要包括日记账和资金日报的查询、支票登记簿的管理、银行对账等功能，如图 4-35 所示。

（一）日记账和资金日报的查询

1. 现金日记账与银行存款日记账的查询

总账子系统中，要实现对现金日记账与银行存款日记账的管理，必须先指定现金及银行存款总账科目，才能登记日记账。

操作步骤：

出纳人员登录企业应用平台，双击"业务工作—财务会计—出纳—现金日记账"；系统弹出"现金日记账查询条件"对话框，按需要选择条件进行查询即可。

银行存款日记账的查看与现金日记账的操作一致。

2. 资金日报表的查询

资金日报表用于查询输出库存现金、银行存款科目某日的发生额及余额情况。手工会计核算方式下，资金日报表由出纳员逐日填写，反映当天营业终了时的库存现金、银行存款的收支情况与余额；电算化方式下，编辑保存了收款凭证、付款凭证后由系统自动生成。资金日报表功能有查询、输出、打印资金日报表，提供当日借、贷方发生额与余额信息。

（二）支票登记簿的管理

在手工会计核算方式下，出纳员应建立支票登记簿备查簿，对支票的领用日期、用途、金额、票号、领用人等内容进行登记，待支票报销时打上标记，以加强对支票的管理。会计软件系统引入了这一管理思想。但操作时，需要对此功能进行初始化设置：①"选项"中选择支票控制；②指定银行存款科目；③在"结算方式"中，将支票"票据管理标志"处打勾。

日常操作时，由出纳员在电子支票登记簿中登录支票领用时间、领用部门、领用人、支票号、备注等。报销支票时，通过填制记账凭证，系统自动在支票登记簿中记录该支票的报销日期，并以不同的颜色来区分已报销与未报销的支票。

图 4-35 出纳管理的内容

（三）银行对账

银行对账是指企业定期将银行存款日记账的记录同银行对账单进行逐笔核对。企业与银行记账的时间与依据不一致而产生的未达账项，需编制出银行存款余额调节表。在总账子系统下，录入或导入银行对账单与企业记账后的银行存款日记账自动选中，从而找到未达账项，生成银行存款余额调节表。

【例4-9】6月30日，收到工行发来的银行对账单（表4-1），出纳人员根据对账单和企业银行日记账进行对账。

表 4-1 银行对账单

2019 年		摘要	结算号	借	贷	方向	余额
月	日						
6	1	期初余额				贷	259 480.89
	2	提现	XJ2012	10 000			
	5	收到华信科技欠款	ZZ2131		42 600		
	12	发放工资	ZZ5192	58 000			
	23	支付业务招待费	ZZ5231	2 000			
	30	支付水电费		600			
	30	期末余额					231 480.89

操作步骤：

1. 银行对账期初录入

①以出纳员003的身份登录企业应用平台，双击"总账—出纳—银行对账—银行对账期

初录入"。

②选择科目为"工行存款"科目,单击"确定",进入"银行对账期初"界面。

③输入银行对账单与单位日记账的调整前余额(即月初的期初余额);系统自动计算出银行对账单与单位日记账的调整后余额,调整后的余额应该是相等的,如图4-36所示。

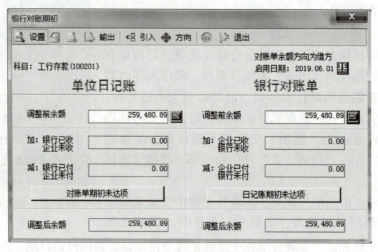

图4-36 银行对账期初录入(1fw)

☞ 注意

"银行对账期初"界面分两大栏,左栏为单位日记账、右栏为银行对账单。若银行记录与企业记录方向相反,则在此调整银行对账单余额方向(由借方调整为贷方),如图4-37所示。单击"方向",在弹出的对话框中单击"是"即可。

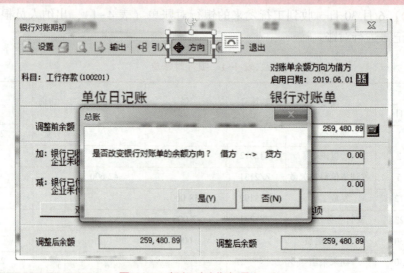

图4-37 银行对账期初录入(2)

2. 银行对账单

对账前，必须将银行对账单的内容录入系统中。录入的对账单内容一般包括入账日期、结算方式、结算单据字号、借方发生额、贷方发生额，余额由系统自动计算。

操作步骤：①双击"银行对账—银行对账单"，进行"银行科目选择"，单击"确定"，进入"银行对账单"界面。②单击界面左上方的"增加"，将银行对账单逐笔录入系统，如图4-38所示；③录入完成后单击"保存"即可。

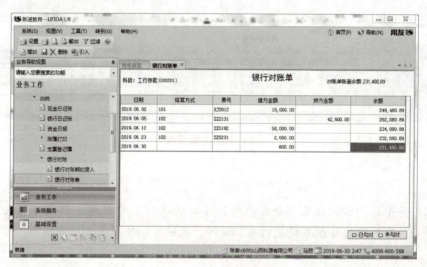

图4-38 银行对账单

> ☞注意
>
> 将对账单本期发生的全部经济业务录入系统，也可从外部环境导入系统（使用"引入"功能）。注意银行对账单期初余额已通过银行对账期初产生，此处无须录入。

3. 银行对账

银行对账采用手工对账与自动对账相结合的方式。

（1）手工对账。

双击"银行对账"页签，进入"银行对账"界面；同笔业务可以在对应的"两清"栏中双击，显示"√"标志，予以两清，如图4-39所示。

		单位日记账							银行对账单			
票据日期	结算方式	票号	方向	金额	两清	凭证号数	摘要	日期	结算方式	票号	方向	金额	两清	对账序号
2019.06.03	102	ZZ2131	借	42,600.00	√	收-0001	收到欠款	2019.06.02	101	XJ2012	借	10,000.00		
2019.06.02	101	XJ2012	贷	10,000.00		付-0001	提现	2019.06.05	102	ZZ2131	贷	42,600.00	√	2019063000
2019.06.10	102	ZZ5192	贷	58,000.00		付-0002	发放职工工资	2019.06.12	102	ZZ5192	借	58,000.00		
2019.06.23	102	ZZ5231	贷	2,000.00		付-0003	支付业务招待	2019.06.23	102	ZZ5231	借	2,000.00		
2019.06.23	102	ZZ5243	贷	5,000.00		付-0004	支付广告费	2019.06.30			借	600.00		

图4-39 手工对账

(2) 自动对账。

单击界面左上方"对账",如图 4-63 所示。选取对账条件、截止日期。单击"确定",系统自动根据对账条件进行银行对账,如图 4-64 所示。对已达账项,系统自动在银行日记账和银行对账单双方的"两清"栏上打上标志,并以颜色加以区分,如图 4-40 所示。

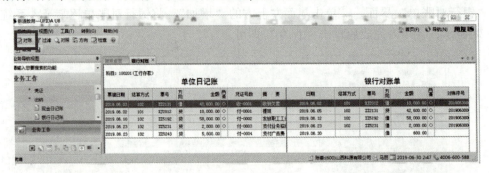

图 4-40 对账完成

☞ **注意**

对账条件中的"方向相反、金额相同"是必选条件。对账截止日期可输入,也可不输入。另外,有时可能存在不规范的人工输入,此时可以使用手工对账功能。

4. 余额调节表

对账完毕后,可进行余额表的查看,如图 4-41 所示。

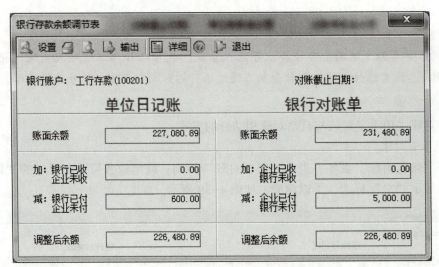

图 4-41 银行存款余额调节表

5. 核销银行账

在进行核销已达账项之前,应先查询单位日记账和银行对账单的对账结果。检查无误后,即可核销已达账项,核销后的数据,将不再参与以后银行存款的查询勾对。核销后的已达账项不能被恢复。

三、账簿查询

对经济业务的查询、统计等工作，可以通过系统提供的账簿完成。查询账簿是会计工作的重要内容，账簿查询包括基本账簿查询与辅助核算账簿查询两大类。

（一）基本账簿的查询

基本账簿，即手工会计中就存在的一些账簿，如总账、明细账、多栏账、余额表等内容。

1. 总账查询

总账是按照总分类账户登记全部经济业务的账簿。总账能够全面、总括地反映经济活动，并为编制会计报表提供资料。总账查询用于查询各总账科目的年初余额、各月期初余额、发生额合计和期末余额。总账查询可以根据需要设置查询条件，如会计科目代码、会计科目范围、会计科目级次、是否包含未记账凭证等。在总账查询窗口下，系统一般允许联查当前会计科目在当前月份的明细账。

2. 明细账查询

明细账是根据总账科目设置，按所属明细开设账户，用来分类登记某一经济业务、提供明细核算资料的分类账簿。用户可以设置多种查询条件查询明细账，包括会计科目范围、查询月份、会计科目代码、是否包括未记账凭证等。在明细账查询窗口下，系统一般允许联查所选明细事项的记账凭证及联查总账。

3. 余额表

余额表的查询用于查询统计各级会计科目的期初余额、本期发生额、累计发生额和期末余额等。用户可以设置多种查询条件。利用余额表可以查询和输出总账科目、明细科目在某一时期内的期初余额、本期发生额、累计发生额和期末余额；可以查询和输出某会计科目范围在某一时期内的期初余额、本期发生额、累计发生额和期末余额；可以查询和输出包含未记账凭证在内的最新发生额及期初余额和期末余额。

4. 多栏账

多栏账即多栏式明细账，用户可以预先设计企业需要的多栏式明细账，然后按照明细科目保存为不同名称的多栏账。查询多栏账时，用户可以设置多种查询条件，包括多栏账名称、月份、是否包含未记账凭证等。

5. 日记账

日记账查询是用于查询除现金日记账、银行日记账之外的其他日记账。用户可以查询输出某日所有会计科目（不包括现金、银行存款会计科目）的发生额及余额情况。用户可以设置多种查询条件，包括查询日期、会计科目级次、会计科目代码、币别、是否包含未记账凭证等。

（二）辅助账簿的查询

辅助核算管理账簿包括个人往来、部门核算、项目核算、客户往来、供应商往来账簿的总账、明细账查询输出；部门收支分析和项目统计表的查询输出；往来两清及催款单等。辅助账簿同基本账簿最大的区别是，它可以从多个角度进行查询，方便及时地提供各种信息，如可以站在科目的角度上查部门，也可以站在部门的角度上查科目。

账簿输出的格式由科目设置中的账页格式所决定，如金额式、数量金额式、外币式、数量外币式等。与手工核算不同的是，总账子系统对于任何一级会计科目都可以输出对应账簿。

任务四　总账子系统的期末处理

账务处理模块的期末处理是指会计人员在每个会计期间的期末所要完成的特定业务，主要包括转账定义和生成、对账、结账等，如图4-42所示。

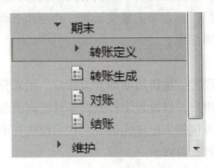

图4-42　期末处理内容

一、转账定义和生成

转账定义和生成，即自动转账。企业每个月末的工作量非常大，但这些业务每月都会重复性的出现，且有一定的规律可循。根据这一特性，电算化方式下，预先把这种有规律性出现的会计业务定义好凭证框架，再把各种取数依据及计算公式存入系统，从而形成自动转账凭证的过程称之为自动转账。

自动转账是指对于期末那些摘要、借贷方会计科目固定不变，发生金额的来源或计算方法基本相同，相应凭证处理基本固定的会计业务，将其既定模式事先录入并保存到系统中，在需要的时候，让系统按照既定模式，根据对应会计期间的数据自动生成相应的记账凭证。自动转账的目的在于减少工作量，避免会计人员重复录入此类凭证，提高记账凭证录入的速度和准确度。

自动转账包括以下两个步骤。

1）转账定义。

转账定义是指对需要系统自动生成凭证的相关内容进行定义。在系统中事先进行自动转账定义，设置的内容一般包括编号、凭证类别、摘要、发生会计科目、辅助项目、发生方向、发生额计算公式等。

2)转账生成。

转账生成是指在自动转账定义完成后,用户每月月末只需要执行转账生成功能,即可快速生成转账凭证,并被保存到未记账凭证中。

用户应该按期末结转的顺序来执行自动转账生成功能。此外,在自动转账生成前,应该将本会计期间的全部经济业务填制记账凭证,并将所有未记账凭证审核记账。

(一) 自定义转账

自定义转账是最灵活、也是最为复杂的一种方法。只要记账凭证能满足摘要和借贷账户固定,金额的来源与计算方法不变,都能使用此方法定义。例如,费用分配的结转、税费的计算、各项费用的结转、项目核算的结转等。当在自定义转账中定义好公式,且公式里面所涉及的会计科目的金额都已入账时,就可以通过"自定义转账生成"功能生成相应凭证。生成的凭证会自动传递到未记账凭证中,等待执行审核、记账。

【例4-10】6月30日,利用自动转账功能,完成以下期末处理:

提取本月职工福利费(管理费用按部门进行辅助核算):

借:管理费用——福利费(经理办公室)		1 120.00
管理费用——福利费(财务部)		2 081.80
销售费用——福利费(市场部)		1 960.56
制造费用——福利费(开发部)		1 694.70
生产成本——直接工资(A1软件)		1 262.94
贷:应付职工薪酬——应付福利费		8 120

操作步骤:

1. 自定义转账定义

①由制单人员002登录企业应用平台,双击"财务会计—总账—期末—转账定义-自定义转账"类型;

②单击"增加"。在弹出的"转账目录"对话框中输入:转账序号(0001)、转账说明(提取职工福利费)及凭证类别(转),单击"确定";

③单击"自定义转账设置"页面上方"增行",输入凭证详细信息。例如,第一行科目编码选择"管理费用—福利费(660202)";部门选择"经理办公室";金额公式栏中的金额=经理办公室当月"管理费用—工资费用(660201)"科目的借方发生额×14%。因此,金额公式栏录入时,单击后面的按钮,弹出"公式向导"对话框,选择"借方发生额FS()",单击"下一步",选择科目(660201),单击"完成"。在公式栏中手动输入计提比例(14%)。借方各分录方法同"管理费用—福利费(经理办公室)"。本业务是多借一贷的会计分录,因此贷方金额栏直接使用"借贷平衡差额CE()"公式即可完成公式定义,如图4-44所示。

④单击"保存"。

图 4-44 自定义转账设置

2. 自定义转账生成

随后进入"期末—转账生成"界面，选择"自定义转账"类型，在福利费所列项的"是否结转"处双击，出现"Y"的标志后，单击"确定"，如图 4-45 所示，随即自动生成相应转账凭证。

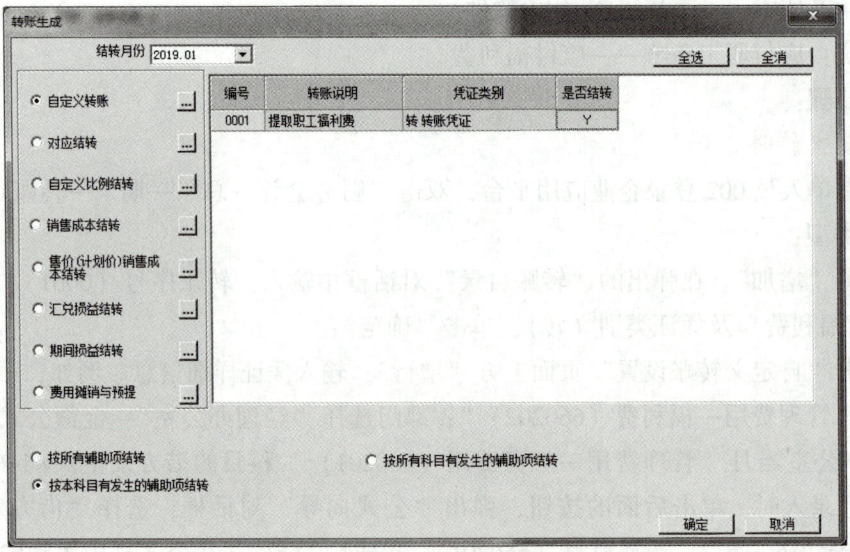

图 4-45 自定义转账生成

（二）对应结转设置

对应结转不仅可进行两个科目一对一结转，还提供科目的一对多结转，对应结转的科目可以为上级科目，但其与下级科目的科目结构必须一致（相同明细科目）；如有辅助核算，则两个科目的辅助类也必须一一对应。本功能只结转期末余额。对应结转生成凭证的具体操作方法与自定义转账凭证生成基本一致，不再赘述。

（三）销售成本结转

销售成本结转是将月末商品或产成品销售数量乘以库存商品的平均单价计算各类商品销售成本并进行结转。

【例 4-11】结转本月销售的 1 000 册多媒体教程的销售成本。

借：主营业务成本——多媒体教程　　　　　　　　　　　　　　　40 000
　　贷：库存商品——多媒体教程　　　　　　　　　　　　　　　　40 000

操作步骤：

1. 销售成本结转定义

库存商品（1405）、主营业务收入（6001）、主营业务成本（6401）必须设置为数量核算，通过库存商品账户确认产品的全月平均单价，通过主营业务收入统计已售商品的数量，二者的乘积即为已售商品的成本。

> ☞ 注意
>
> 若想使用此功能，库存商品、主营业务收入、主营业务成本的科目结构必须相同（即都是一级科目、都有相同的数量核算）。

①将"凭证类别"选择为"转账凭证"；②在"库存商品科目"中录入"1405"、在"商品销售收入科目"中录入"6001"、在"商品销售成本科目"中录入"6401"，如图 4-46 所示；③单击"确定"即可完成销售成本结转设置。

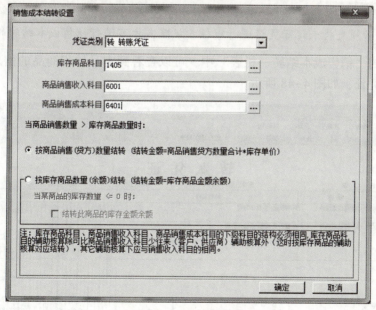

图 4-46　销售成本结转设置

2. 销售成本结转生成

①进入"期末—转账生成"界面，单击"销售成本结转"，单击"确定"，如图 4-47 所示。

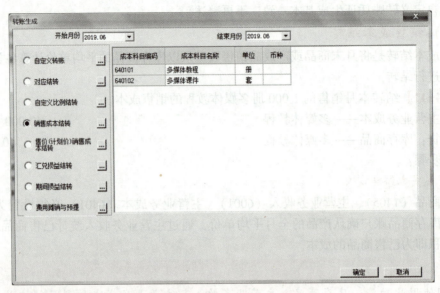

图 4-47 转账生成—销售成本结转

> **注意**
> 此时会弹出"2019.06月或之前月有未记账凭证,是否继续结转?"对话框。出现此对话框的原因是,上笔业务生成的自定义转账凭证还没有记账。若未记账的业务与本业务没有数据联系,则可单击"是",继续进行结转;所未记账凭证所含科目金额与本结转有数据联系,则必须先将未记账凭证进行审核、记账,才可进行销售成本结转的凭证生成。

②在弹出的"销售成本结转一栏表"中,可以查看到本月销售商品的信息。单击"确定"生成相应凭证,如图4-48所示。

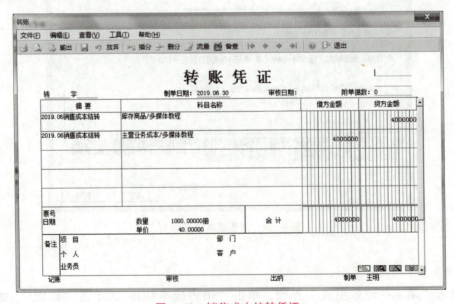

图 4-48 销售成本结转凭证

(四)售价(计划价)销售成本结转

若工业企业采用计划成本法核算,商业企业采用售价法核算,那么使用此功能对已售产品成本的进行结转。方法同上。

(五)汇兑损益结转

用于定义期末自动计算外币账户的汇兑损益,并在转账生成中自动生成汇兑损益转账凭证,汇兑损益只处理外币业务:外汇存款户;外币库存现金;外币结算的各项债权、债务,不包括所有者权益类、成本类和损益类账户。

【例4-12】 美元的月末调整汇率为6.35,结转汇兑损益。

借:财务费用——利息支出　　　　　　　　　　　　　　　　　500
　　贷:银行存款——中行存款　　　　　　　　　　　　　　　　500

操作步骤:

1. 汇兑损益定义

①双击"期末—转账定义—汇兑损益",弹出"汇兑损益结转设置"界面;②在该界面,凭证类别选项选"付款凭证";汇兑损益入账科目为"660301";③在"是否计算汇兑损益"栏进行双击,出现"Y"的标志,单击"确定",完成汇兑损益结转设置,如图4-49所示。

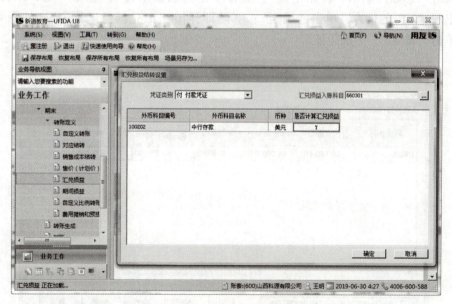

图4-49　汇兑损益结转设置

2. 录入外币调整汇率(期末汇率)

①在"基础设置"中双击"基础档案—财务—外币设置",进入"外币设置"页面;②在2019年6月的"调整汇率"栏中输入"6.35",单击"退出",如图4-50所示。

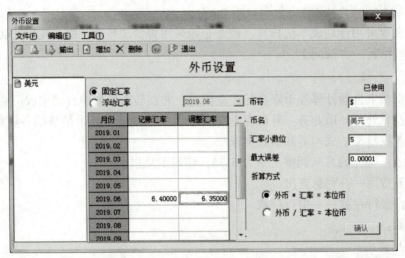

图 4-50 调整汇率录入

3. 汇兑损益转账生成

①双击"总账—期末—转账生成",选择"汇兑损益结转";②在"是否结转"处双击,会出现"Y"的标志,单击"确定";③随即弹出"汇兑损益试算表",如图 4-51 所示;④单击"确定",生成凭证。

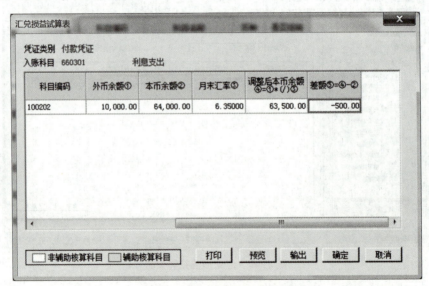

图 4-51 汇兑损益转账生成

(六)期间损益结转

期间损益结转包括期间损益结转设置和期间损益生成。期间损益结转用于在一个会计期间结束时,将损益类科目的余额结转到本年利润科目中,从而及时反映企业利润的盈亏情况。在操作时需要设置凭证类别,一般凭证类别为转账凭证。执行此功能后,系统能够自动搜索和识别需要进行损益结转的所有科目(即损益类科目),并将它们的期末余额(即发生净额）转到本年利润科目中。

☞ **注意**

用户应当将所有未记账凭证审核记账后，再进行期间损益结转。

【例4-13】进行本月期间损益结转。

（1）收入类科目结转

借：主营业务收入——多媒体教程		56 000
贷：本年利润		56 000

（2）费用类科目结转

借：本年利润		94 536.36
贷：主营业务成本——多媒体教程		40 000
管理费用——工资费用		9 120
——工资费用		16 951.8
——其他费用		7 000
销售费用——广告费		5 000
——工资费用		15 964.56
财务费用——利息支出		500

操作步骤：

1. 期间损益结转设置

①双击"总账—期末—转账定义—期间损益"，系统弹出"期间损益结转设置"对话框；②"凭证类别"设置为"转账凭证"，本年利润科目为"4103"，单击"确定"，此时在各科目的"本年利润科目名称"栏中都显示为"本年利润"，如图4-52所示。

图4-52　期间损益结转设置

2. 期间损益结转生成

（1）收入类损益科目结转生成。

①双击"期末—转账生成"，进入"转账生成"界面，单击"期间损益结转"，则屏幕显示要结转期间损益的全部损益类科目；②在类型下拉框选择"收入"，单击"全选"，屏幕显示所有收入类损益科目，"是否结转"位置全显示为"Y"。如图4-53所示；③单击"确定"，生成凭证。

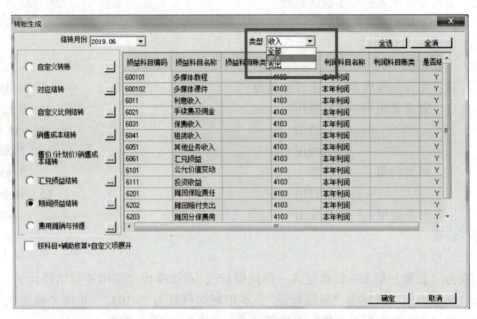

图4-53　收入类损益科目结转凭证生成

（2）费用类损益科目结转生成。

以同样方法，在类型下拉框选择"支出"，单击"全选"，屏幕显示所有支出类损益科目，并"是否结转"位置全显示为"Y"；单击"确定"，生成凭证。

二、对账

对账是指为保证账簿记录正确可靠，对账簿数据进行检查核对。对账主要包括总账和明细账、总账和辅助账、明细账和辅助账的账账核对。一般来说，只要记账凭证录入正确，各种账簿都应是正确、平衡的，如图4-54所示。但计算机操作有可能出现非法操作、计算机病毒或其他原因，有时可能会造成某些数据被破坏。因此，为了保证账证相符、账账相符，用户应该经常进行对账，至少一个月一次，一般可在月末结账前进行。只有对账正确，才能进行结账操作。

项目四 总账子系统

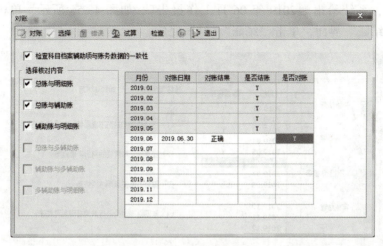

图 4-54 对账

三、月末结账

会计软件中都设有结账功能。结账就意味着本月全部的经济业务处理完毕，所有凭证都已处于记账状态。结账完成后，将本月账目封存，不再进行影响会计数据的操作，并将各科目余额转入下个月，为下个会计期间的会计处理做好准备。

1. 月末结账功能

月末结账功能主要包括计算和结转各账簿的本期发生额和期末余额，终止本期的账务处理工作，并将会计科目余额结转至下月作为月初余额。结账每个月只能进行一次，结账后本月的数据为只读状态。

2. 月末结账操作的控制

结账工作必须在本月的核算工作都已完成，且系统中数据状态正确的情况下才能进行。因此，执行结账工作时，系统会检查相关工作的完成情况，主要如下：

（1）检查本月记账凭证是否已经全部记账，如有未记账凭证，则不能结账。
（2）检查上月是否已经结账，如上月未结账，则本月不能结账。
（3）检查总账与明细账、总账与辅助账是否对账正确，如果对账不正确则不能结账。
（4）对会计科目余额进行试算平衡，如试算不平衡将不能结账。
（5）检查损益类账户是否已经结转到本年利润，如损益类科目还有余额，则不能结账。
（6）当其他各模块也已经启用时，账务处理模块必须在其他各模块都结账后，才能结账。

结账只能由具有结账权限的人进行。在结账前，最好进行数据备份，一旦结账后发现业务处理有误，可以利用备份数据恢复到结账前的状态。

【例 4-14】执行山西科源有限公司 6 月份结账操作。

操作步骤：

①双击"结账"，进入结账向导界面，屏幕显示等待结账月份为 2019.06，单击"下一步"，如图 4-55 所示；②在"核对账簿"页面，单击"对账"，系统开始进行账簿的核对；

③对账完成后,系统给出"2019年06月工作报告",如图4-56所示,单击"下一步";
④进入"完成结账"界面,单击"结账",结账完成。

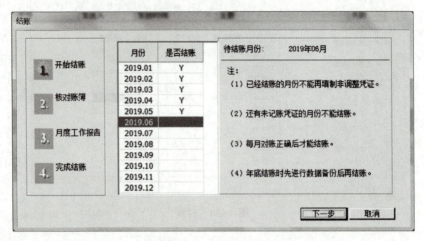

图4-55 结账(1)

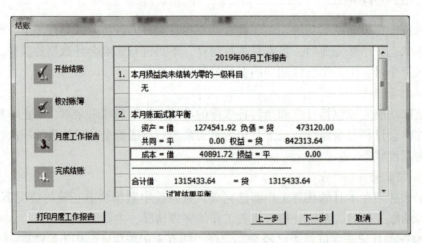

图4-56 结账(2)

项目五

报表管理子系统

知识目标

- 了解报表管理子系统的主要功能。
- 了解报表管理子系统与其他子系统的关系。

技能目标

- 掌握报表管理子系统的基本操作流程。
- 具备报表格式设置、公式设置及报表数据处理分析的能力。

会计电算化

📚 知识导图

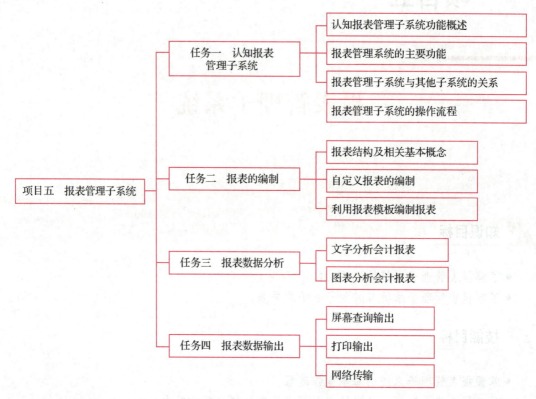

📚 引思明理

会计人职业底线——不做假账

据证监会文号〔2021〕16号，乐视网在2007年至2016年财务造假，10年期间，乐视网报送、披露的IPO文件及2010年至2016年年报存在虚假记载。经查，乐视网在这期间虚增收入18.72亿元，虚增利润17.37亿元，即，虚增的收入大多转化成了利润。例如2013年虚增利润1.99亿元、虚增利润1.93亿元。

在首次发行阶段（2007年-2009年），乐视网通过虚构业务及虚假回款等方式虚增业绩以满足上市发行条件，并持续到上市后。2010年上市后，乐视网除了利用自有资金循环和串通"走账"虚构业务收入外，还通过伪造合同、以未实际执行框架合同或单边确认互换合同方式继续虚增业绩。财务造假之外，乐视网还存在未按规定披露关联交易、未披露为乐视控股等公司提供担保事项等相关违规操作。基于此，证监会乐视网合计罚款2.41亿元、对贾跃亭合计罚款2.41亿元。公司相关责任人被处以3万元至60万元不等的罚款。

项目五 报表管理子系统

长达十年的财务造假,每年虚增收入几乎全部转化为当年的利润,乐视网、贾跃亭的财务造假行为,性质极为恶劣。

【启示】

早在 2001 年 4 月 16 日,朱镕基总理在视察上海国家会计学院时,为该校题写的校训是"不做假账";同年 10 月 29 日,朱镕基视察北京国家会计学院后,题字是:"诚信为本,操守为重,遵循准则,不做假账。"朱镕基曾透露,由于字写得不好,很少题词,但为国家会计学院题写了四个字:"不做假账。"他说:"我希望每一个中国国家会计学院毕业的学生,永远都要牢记这四个大字!"

作为新时代的会计人员,必须要遵守职业道德底线,坚决不做假账。而作为新时代的好青年,更要坚定不移听党话、跟党走,怀抱梦想又脚踏实地,敢想敢为又善作善成。

案例导入

A 同学和老师讨论财务在企业中的作用时,问道:"老师,企业的老板们都会每个月翻看凭证和账簿吗?他们能看出来什么呢?""作为一个管理者,他们需要从管理的层面进行分析,凭证和账簿所反映的会计数据是比较分散的,他们更需要能总括反映企业财务状况和经营成果的会计信息,为他们提供全面的决策支持。我们现在就来看一下,他们是通过什么进行数据分析和管理的?"

任务一 认知报表管理子系统

一、报表管理子系统功能概述

报表管理子系统是电算化会计信息系统中的一个重要的子系统。它为企业内部各管理部门及外部相关部门综合反映企业一定时期财务状况、经营成果和现金流量的会计信息提供了软件支持。在手工方式下,编制会计报表是一项重要的期末工作,费时、费力且容易出错,只要有一个数据出现变化,就要重新编制。而在电算化方式下,报表系统改变了报表编制的程序、方法及手段,编制过程变得简单快捷,使企业的管理者、债权人、投资者、财政税收部门等能够及时、全面、系统地了解企业相关信息。

UFO(user's friend soft,即用友财务软件),是指用友财务软件中的财务报表等,是用友软件股份有限公司开发的电子表格软件。UFO 报表独立应用时,主要用于处理日常办公事务,能够完成制作表格、数据运算、图形制作、打印等电子表的所有功能。该系统是在当今国际流行的计算机操作平台 Windows 下运行的管理型软件,财务人员操作起来更自然、更方便。只要掌握 Windows 的基本操作,就可以操作报表管理软件。

115

二、报表管理子系统的主要功能

报表管理子系统作为用友 ERP-U8V10.1 管理软件的重要组成部分，提供了丰富的报表取数公式，可以从 U8 中的各个子系统取数，帮助用户编制各类管理分析报表。但它与其他电子表格最大区别在于，它是真正的三维立体表，并在此基础上提供了丰富的实用功能，完全实现了二维立体表的四维处理能力。其主要功能包括：提供各行业报表模板、文件管理、格式管理、数据处理、图表处理、强大的二次开发功能等。

（一）各行业报表模板

报表管理子系统提供了 21 个行业的标准财务报表模板，包括最新的现金流量表，可以轻松生成复杂报表。另外，还提供自定义模板的新功能，可以根据本单位的实际需要定制报表模板。

（二）文件管理

在计算机中，报表是以文件的形式存放的，报表管理子系统提供了创建新文件、打开已有的文件、保存文件、备份文件的文件管理功能，并且能够进行不同文件格式的转换，如文本文件、XML 格式文件、HTML 格式文件等。

（三）格式管理

报表管理子系统提供了丰富的格式设计功能，如设置表尺寸、设置组合单元、画表格线（包括斜线）、调整行高列宽、设置字体和颜色、设置显示比例等，可以制作符合各种要求的报表。另外，内置了 11 种套用格式和 36 个行业的标准财务报表模板，可以轻轻松松制表。

（四）数据处理

数据处理是报表管理子系统的核心功能，通过该功能可以实现：根据设置的报表格式、单元公式和关键字，通过录入关键字的值生成最终报表；根据设置的审核公式检查报表数据的正确性；根据设置的舍位平衡公式对报表进行设为平衡等操作。

（五）图表处理

图表处理可以很方便地对报表数据进行图形数据组织和分析，制作包括直方图、立体图、圆饼图、折线图等 10 种图式的分析图表，并可以编辑图表的位置、大小、标题、字体、颜色等，并打印输出图表。

（六）强大的二次开发功能

报表管理子系统提供了批命令和自定义菜单，自动记录命令窗中输入的多个命令，可将有规律性的操作过程编制成批命令文件。另外，还提供了 Windows 风格的自定义菜单，综合利用批命令，可以在短时间内开发出本企业的专用系统。

三、报表管理子系统与其他子系统的关系

报表管理子系统主要是从其他系统中提取编制报表所需的数据。总账、薪酬、固定资产、应收、应付、财务分析、采购、库存、存货核算和销售子系统均可向报表子系统传递数据，以生成财务部门所需的各种会计报表。报表管理子系统与其他系统的数据传递关系如图 5-1 所示。

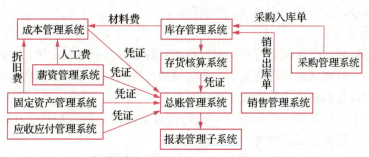

图 5-1　报表管理子系统与其他系统的关系

四、报表管理子系统的操作流程

利用专业的报表管理子系统可根据用户需求编制对外报表和各种内部管理报表。它的主要任务是设计报表的格式和编制公式，从总账系统或其他业务系统中取得有关会计信息，自动编制各种会计报表，对报表进行审核、汇总，生成各种分析图，并按预定格式输出会计报表。

任务二　报表的编制

一、报表结构及相关基本概念

（一）报表结构

按照报表结构的复杂性，可将报表分为两类：简单表和复合表。

简单表是规则的二维表，由若干行和列组成，其格式一般由四部分组成，即标题、表头、表体、表尾。复合表是简单表的某种组合。

（二）基本概念

1. 报表文件

一个或多个报表以文件的形式保存在存储介质中，称为报表文件。每个报表文件都有一个名字，如"资产负债表""利润表"，通常将报表文件简称为报表。

2. 二维报表和三维报表

在报表中确定一个数据位置的要素称为"维"。通常报表上的数据都是由不同的行和列（二维）确定其位置，这样的表格称为二维表，也称平面表。但在实际工作中，经常需要将相同格式的多张报表作为一个整体来处理，这种叠放在一起的具有同一格式的报表就称为三维表或立体表。

3. 表页

三维表中的每一张报表称为表页，一个报表中的所有表页具有相同的格式，一个 UFO 最多可容纳 99 999 张表页。例如，@1 就表示第一页；@表示当前页；@@表示最大表页。

4. 单元

单元是组成报表的最小单位，单元名称由所在行、列标识表示该表页的一项数据；行号由数字 1~9 999 表示，列标由字母 A~IU 表示。

5. 固定区和可变区

固定区是指组成一个区域的行数和列数是固定的数目。一旦设定好，在固定区域内其单元总数是不变的。可变区是指屏幕显示一个区域的行数或列数是不固定的数字，可变区的最大行数或最大列数是在格式设计中设定的。

在一个报表中只能设置一个可变区，或是行可变区或是列可变区。在以后的数据操作中，可变行列数可根据需要而增减。

有可变区的报表称为可变表，没有可变区的表称为固定表。

6. 关键字

关键字是游离于单元之外的特殊数据单元，可以唯一标识一个表页，可以在大量表页中快速选择表页。例如，母公司把其下属的 20 个子公司的利润表组成一个报表文件，每个子公司的利润表占一张表页。为了在 20 张表页中迅速找到特定的公司，就有必要给每张表页设置一个标记，如把子公司名称设为标记，这个标记就是关键字。关键字必须先设置后才能录入，设置关键字在格式状态下进行，录入关键字的值则在数据状态下进行，每个报表可以定义多个关键字。

7. 关联

报表中的数据有着特殊的经济含义，因此报表数据不是孤立存在的，一张报表中不同表页的数据或多个报表中的数据可能存在这样或那样的经济关系或勾稽关系，要根据这种对应关系找到相关联的数据进行引用，就需要定义关联条件。在多个报表之间操作时，主要通过关联条件来实现数据组织。

8. 格式状态和数据状态

UFO 将含有数据的报表分为两大部分来处理，即报表格式设计工作与报表数据处理工作。报表的格式设计和数据处理是在不同状态下进行的。实现状态切换的是"格式/数据"按钮，点击这个按钮就可以在格式状态和数据状态之间切换。

（1）格式状态。

在格式状态下可以设计报表的格式和公式，格式内容主要包括表尺寸、行高、列宽、单元属性、单元风格、组合单元、关键字、可变区等；设计公式主要是定义计算公式、审核公式和舍位平衡公式。

（2）数据状态。

在数据状态下可以进行报表的数据处理，如输入或产生数据、增加或删除表页、审核、舍位平衡、制作图形、汇总、合并报表等。在数据状态下可以看到报表的格式和数据，但不能修改报表的格式。

二、自定义报表的编制

（一）报表格式设计

手工方式报表时，只有设计好报表格式后，才能填写数据。在 UFO 报表系统中，报表格式设计是制作报表的基本步骤，它决定了整张报表的外观和结构，是报表数据录入和处理的依据。

报表格式设计是在格式状态下进行的,具体内容一般包括设置报表尺寸,定义报表行高和列宽,画表格线,定义组合单元,输入表头、表体、表尾内容,定义单元属性,设置关键字和可变区等。

一般情况下,报表的行和列都是固定的。这种报表称为固定表,如资产负债表、利润表等,其设计相对而言比较简单,设计的步骤:

1. 启动 UFO,新建报表

操作步骤:

①登录"企业应用平台",选中"业务工作—财务会计—UFO 报表",双击即可进入 UFO 系统。

②单击"文件—新建",将得到一张系统默认格式的空表,报表名默认为 Report1.rep。报表建立起来以后,默认的状态栏为格式状态,如图 5-2 所示。

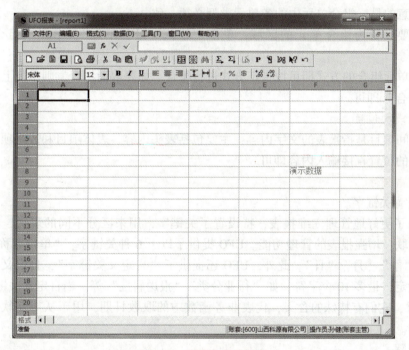

图 5-2 新建自定义报表

2. 设置表尺寸

表尺寸是报表的行数和列数。一个报表包括表头(标题、副标题、编制单位、日期等)、表体(报表主要数据内容)、表尾(辅助说明部分)三部分。

操作步骤:

①单击"格式—表尺寸",出现"表尺寸"对话框。

②输入报表的行数和列数,单击"确认"即可完成。

3. 定义行高和列宽

在报表的编制过程中,根据单元的内容,选择合适的行高和列宽。

操作步骤:

①选择要设置的行或列,单击"格式—行高(列宽)",出现"行高"或"列宽"对话框。

②输入合适的行高数或列宽数,单击"确认"即可。

4. 画表格线

报表的尺寸设置完成之后,在数据状态下,该报表是没有任何表格线的。为了满足查询和打印的需要,还需要画上表格线。

操作步骤:

①选择要画线的区域,单击"格式—区域画线"。

②选择相应的"画线类型"和"样式",单击"确认",选定区域即可按指定方式画上线。如果要删除区域中的表格线,重复上述步骤,"样式"选空线即可。

5. 定义组合单元

组合单元是将相邻的两个或更多的单元组合在一起,构成一个较大的单元。可以将同一行或同一列中相邻的几个单元组合在一起,也可以把一个多行多列的区域组成一个组合单元。需要注意的是,组合单元中的各单元类型必须一致。

①选择要设置为组合单元的区域,单击"格式—组合单元",出现"组合单元"对话框。

②选择单元组合的方式即可按指定方式进行组合。如要取消组合,则重复上述步骤,选择"取消组合"即可。

6. 输入表间项目

报表表间项目是指报表的文字内容,主要包括表头内容、表体项目和表尾项目等,操作时,在相应的位置直接输入内容即可。

7. 设置关键字

(1) 设置关键字。

UFO 为了更好地管理三维报表,特设置了关键字,用来区分不同的表页,从而在表页之间建立关联,增强报表的管理功能。UFO 提供了以下 6 种关键字:"单位名称""单位编号""年""季""月""日"。此外,UFO 还提供了"自定义关键字",自定义关键字的名字由用户设定,最多 10 个字符,如"行业分类""报送属性"等。当自定义关键字为"周"或"旬"时,它们有特殊的含义,代表业务函数中的取数日期,用于从用友软件其他系统中提取数据。

操作步骤:

①单击"数据—关键字—设置",出现"设置关键字"对话框。

②在对话框中的关键字名称中选择"单位名称",单击"确定"后所选单元中会显示单位名称为红色,表示已设置关键字,同理,设置"年""月"为关键字。

(2) 关键字偏移。

如果关键字位置不够理想,可改变关键字在单元中的左右位置。

操作步骤:

①选择要偏移的关键字单元,单击"数据—关键字—偏移",进入"定义关键字偏移"对话框。

②在对话框中输入关键字的偏移量,单元偏移量的范围是[-300, 300],负数表示向左偏移,正数表示向右偏移,输入后单击"确定"按钮。

（3）关键字取消。

如果要取消关键字，不能用删除的方法，需采用与设置同样的操作，选择"取消关键字"命令。

8. 设置单元属性

单元属性主要是指单元类型、数字格式、对齐方式和边框样式等内容的设置，单元属性是报表格式的重要部分，设置好每一个单元的属性才能保证报表的整齐美观、使用方便。

操作步骤：

①单击"格式—单元属性"，出现"单元属性"对话框。

②选择相应的单元类型、数字格式和边框样式等，单击"确定"即可。

（二）定义报表公式

在报表处理中，各种报表数据之间存在着密切的逻辑关系，报表中各种数据的采集、运算就用到了不同的公式。UFO 引入了计算公式、审核公式和舍位平衡公式三类公式，以增强系统的数据处理能力，提高数据处理效率。

各类报表公式设计都是在格式状态下进行的，在数据处理状态下使用的。一般来说，公式对所有表页都有效，除非规定表页的范围或条件。

1. 单元公式（计算公式）

UFO 提供了丰富的计算公式，几乎可以完成所有的计算要求。在计算公式中，除了手工输入的数据，其他数据需要通过定义计算公式来得到。可以取本表页的数据，可以取其他表页中的数据，也可以取其他报表的数据，例如，从几张基础数据表中提取数据，计算后形成分析表。通过计算公式来组织报表数据，既经济又省事，把大量重复、复杂的劳动简单化了，合理地设计计算公式能大大节约劳动时间，提高工作效率。

在 UFO，除了可以从"账务"中提取数据外，还可以从其他各子系统中提取数据。要实现从其他系统中取数，必须在进入 UFO 时，连接好与其他系统的接口。

UFO 账务函数提供了几十种账务函数，其中主要函数如表 5-1 所示。

表 5-1 UFO 账务函数

中文函数名	总 账	数 量 账	外 币 账	函数意义
期初余额	QC	SQC	WQC	取某科目期初数
期末余额	QM	SQM	WQM	取某科目期末数
发生额	FS	SFS	WFS	取某科目本期发生数
发生净额	JE	SJE	WJE	取某科目借、贷方发生净额
对方科目发生	DFS	SDFS	WDFS	取对方科目发生数
累计发生	LJS	SLFS	WLFS	取某科目累计发生额

【例 5-1】定义利润表中"营业收入"项目的"本期金额"。

操作步骤：

①在 UFO 报表格式状态下，选取要定义公式的单元格，单击"数据—编辑公式—单元公式"，或单击"fx"，或输入"="，系统自动弹出"定义公式"对话框。

②单击"函数向导"，进入函数向导界面，选择"用友财务函数"的"发生（FS）"

函数，单击"下一步"，如图 5-3 所示。

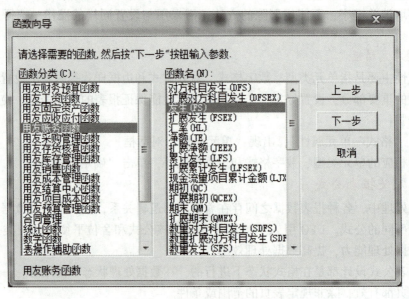

图 5-3　函数分类及函数名选择

③进入"用友账务函数"界面，单击"参照"。

④在弹出的"账务函数"对话框中，选择科目为"6001"；期间为"月"；方向为"借"，单击"确定"，如图 5-4 所示。

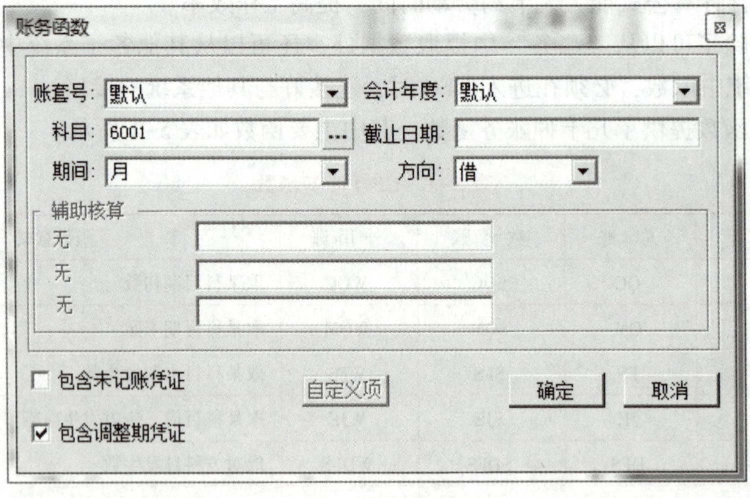

图 5-4　账务函数

项目五 报表管理子系统

> **☞ 提示**
>
> "账套号"和"会计年度"可以采用默认。因为该 UFO 报表系统是在某一账套及会计年度的企业应用平台中进行登录的,系统默认编辑的报表就是登录企业应用平台的账套和会计年度。当然也可以在这里直接通过下拉单进行选择。

⑤回到"用友账务函数"窗口,如图 5-5 所示。

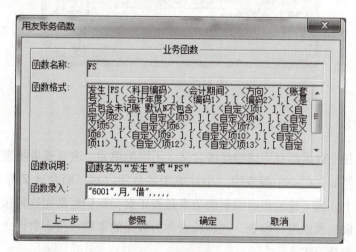

图 5-5 用友账务函数

⑥以相同方法进行"6051 其他营业收入"科目的编辑,两个科目公式中间以"+"连接,如图 5-6 所示。

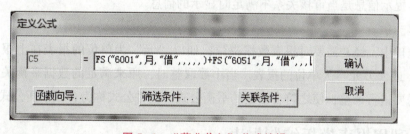

图 5-6 "营业收入"公式编辑

⑦单击"确认",弹出"是否确定全表重算"对话框,单击"是",系统自动按照编辑的公式进行计算。

⑧编辑好报表后,单击"文件—另存为"将文件名修改为"利润表.rep",单击"另存为",将报表进行保存,如图 5-7 所示。

123

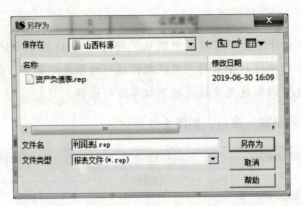

图 5-7 保存报表

2. 审核公式

由于报表中各个数据都有明确的经济含义，不同的单元、表页或者报表之间经常会存在某种勾稽关系。例如，在一个报表中，小计等于各分项之和；而合计又等于各个小计之和等。在实际工作中，为了检验报表编制的结果是否正确，我们经常用这种报表之间或报表之内的勾稽关系对报表数据进行检查，这种检查称为数据的审核。报表数据之间的勾稽关系用公式表示，称为审核公式。

审核公式的基本格式：

<区域>=<算术表达式>　　[FOR<表页筛选条件>]　　[RELATION<表页关联条件>]
MESSAGE "<提示信息>"

其中，提示信息是当审核关系不满足时显示的信息。

3. 舍位平衡公式

报表处理中，经常需要对报表数据进位，如以"元"为单位的报表在上报时要转换为以"千元"或"万元"为单位的报表。当小数取整时，原来满足的数据平衡关系可能被破坏，因此需要进行调整，使之符合指定的平衡公式，这种公式称为舍位平衡公式。

三、利用报表模板编制报表

在会计报表系统中，一般都提供多种常用的会计报表格式及公式，称为报表模板。在每个模板中都详细设计了该报表的格式与公式。利用报表模板可以迅速建立一张符合实际需要的财务报表。另外，对于一些本企业常用但报表模板中没有提供标准格式的报表，在定义完这些报表以后可以将其定制为报表模板，以后使用时可以直接调用这个模板，省时省力。

（一）调用报表模板生成报表数据

如果需要一个标准的财务报表（如资产负债表、利润表等），可以利用 UFO 报表提供的财务报表模板自动生成标准财务报表。UFO 报表提供了 11 种报表格式和 21 个行业报表模板，包括 70 多张标准财务报表（包括现金流量表），也可以包含用户自定义的模板用户可以根据所在行业挑选相应的报表套用其格式及计算公式。套用报表模板和套用格式需要在格式状态下进行。

【例5-2】利用报表模板，编制山西科源有限公司2019年6月的资产负债表。

操作步骤：

①在UFO报表格式状态下，单击"格式—报表模板"命令，弹出"报表模板"对话框，选取行业"2007年新会计制度科目"和财务报表名"资产负债表"，如图5-8所示。

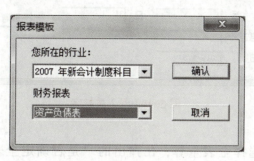

图5-8 报表模板对话框

②单击"确认"，弹出"模板格式将覆盖本表格式！是否继续？"对话框，单击"确定"，即生成一张空的符合行业性质的标准资产负债表，如图5-9所示。

图5-9 资产负债表模板

③在"格式"状态下，可以对关键字进行设置。例如，把单位名称设为关键字，先选择关键字所在单元格，然后选择"数据—关键字—设置"，选中"单位名称"复选框即可。

④单击界面左下角"格式/数据"，转为数据状态，选择"关键字-录入"，录入单位名

称、日期，如图 5-10 所示。

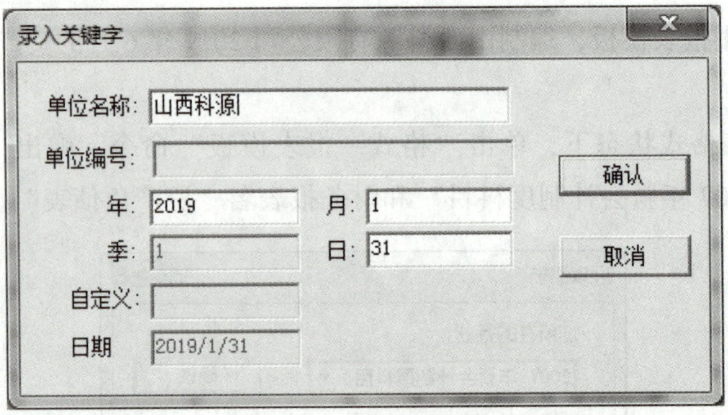

图 5-10　录入关键字

⑤单击“确认”，选择全表重算，在弹出的“是否确定全表重算”对话框中单击“是”，即可生成资产负债的数据，如图 5-11 所示。

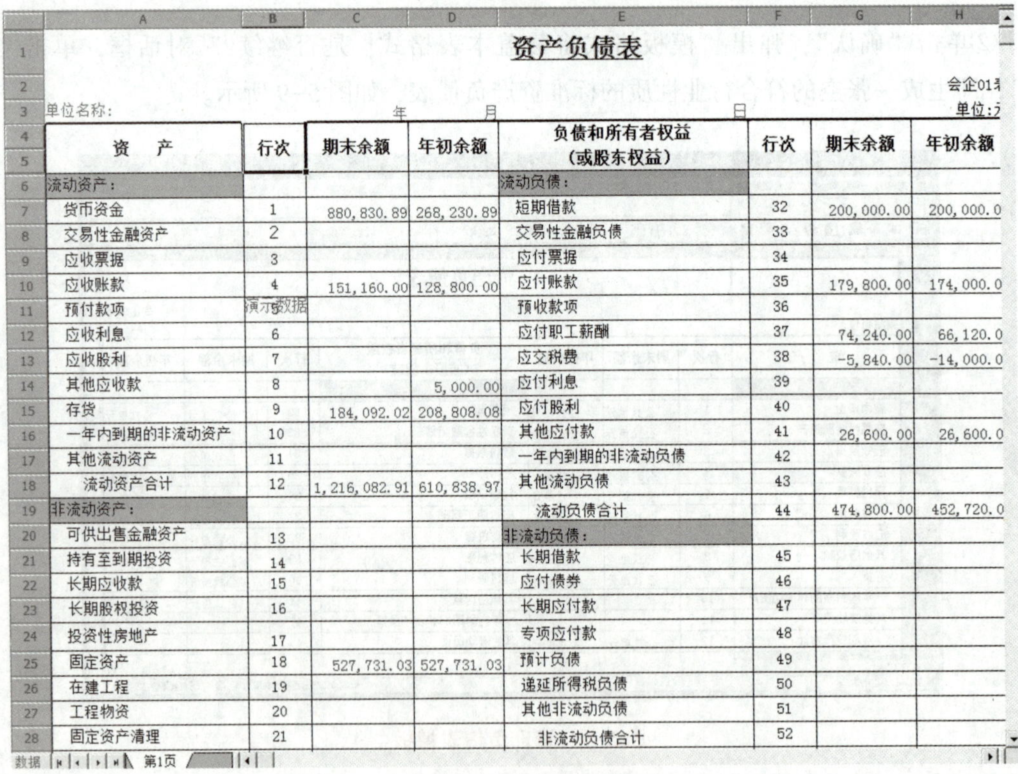

资产负债表

会企01表

单位名称:　　　　　　年　　　　月　　　　　　　　日　　　　　　　　单位:元

资　产	行次	期末余额	年初余额	负债和所有者权益（或股东权益）	行次	期末余额	年初余额
流动资产：				流动负债：			
货币资金	1	880,830.89	268,230.89	短期借款	32	200,000.00	200,000.0
交易性金融资产	2			交易性金融负债	33		
应收票据	3			应付票据	34		
应收账款	4	151,160.00	128,800.00	应付账款	35	179,800.00	174,000.0
预付款项	演示数据			预收款项	36		
应收利息	6			应付职工薪酬	37	74,240.00	66,120.0
应收股利	7			应交税费	38	-5,840.00	-14,000.0
其他应收款	8		5,000.00	应付利息	39		
存货	9	184,092.02	208,808.08	应付股利	40		
一年内到期的非流动资产	10			其他应付款	41	26,600.00	26,600.0
其他流动资产	11			一年内到期的非流动负债	42		
流动资产合计	12	1,216,082.91	610,838.97	其他流动负债	43		
非流动资产：				流动负债合计	44	474,800.00	452,720.0
可供出售金融资产	13			非流动负债：			
持有至到期投资	14			长期借款	45		
长期应收款	15			应付债券	46		
长期股权投资	16			长期应付款	47		
投资性房地产	17			专项应付款	48		
固定资产	18	527,731.03	527,731.03	预计负债	49		
在建工程	19			递延所得税负债	50		
工程物资	20			其他非流动负债	51		
固定资产清理	21			非流动负债合计	52		

数据　第1页

图 5-11　生成的资产负债表

（二）自定义报表模板

用户除了使用系统中的会计报表模板外，还可以根据本单位的实际需要定制内部报表模板，并将自定义的模板加入系统提供的模板库中。用户可以根据本行业的特征，增加或删除各个行业及其内置模板。

任务三　报表数据分析

会计报表常用来进行财务分析，以帮助报表使用者进行相应决策。报表数据分析一般采用的方法有文字分析、图表分析、文字图表分析等。文字分析主要是指采用汉字和数字对会计报表进行分析；图表分析主要是指直接以会计报表生成相应图表进行数据对比、趋势和结构等直观的分析；文字图表分析主要是指既使用文字也使用图表，同时对报表进行分析。在这里，我们分别介绍文字分析和图表分析的方法。

一、文字分析会计报表

文字分析会计报表是传统会计工作广泛应用的一种分析方法。最常见的会计报表文字分析报告是在文字编辑软件（或称字处理软件）中撰写的，如在 Word 等文字处理软件中进行报表的文字分析。

在 UFO 中没有专设会计报表的文字分析功能，但可以在各个会计报表的后面紧接着撰写分析报告。这种情况下，应在格式状态下进行，其分析报告最好是一份标准的分析报告，其中的数字最好位于某个单元中，以方便用公式取数或计算。

在 UFO 中，还可以使用"工具—字处理"进行报表的分析报告的撰写。

二、图表分析会计报表

UFO 提供了很强的图形分析功能，可以方便地进行数据组织和制作图形，能将报表数据所包含的经济意义以图表的方式直观地反映出来，是企业管理、数据分析的重要工具。

1. *图表格式*

UFO 的图形功能可以从平面或立体多层面反映数据情况，可以制作直方图、圆饼图、折线图、面积图 4 大类共 10 种格式的图表，并打印输出。

2. *图表与报表的关系*

图表是利用报表文件中的数据生成的，图表与报表存在着紧密的联系，当报表中的源数据发生变化时，图表也随之变化。一个报表文件可以生成多个图表，最多可以保留 12 个图表。

3. *图表的存在方式*

图表以图表窗口的形式存在。图表并不是独立的文件，它的存在依附于源数据所在的报表文件，只有打开报表文件后，才能打开有关的图表。报表文件被删除之后，由该报表文件中的数据生成的图表也同时删除。

4. 图表的操作

图表可以命名，可以选择图表名打开图表，可以修改图表，保存或删除图表。

图表虽然有四大类共十种格式，但不同格式的图表的建立方法是类似的。

任务四 报表数据输出

会计报表输出是报表管理子系统的重要功能之一。会计报表输出按输出方式不同，通常分为屏幕查询输出、打印输出和网络传输三种。

一、屏幕查询输出

屏幕查询输出是最为常用的一种输出方式。在 UFO 报表中，编制报表时系统可以随时显示报表数据。也可以说，在编制报表时系统会自动提供会计报表的查询输出。通常采用以下操作步骤。

1. 打开报表

方式一：进入 Windows 操作系统，无须进入 UFO 报表，可在资源管理器中双击打开报表，计算机会自动调用 UFO 报表管理子系统打开报表。

方式二：①单击"文件—打开"菜单，选择需要打开的报表文件名，如"利润表"。②在"打开"对话框中，单击按钮就可以打开选定的报表文件。

2. 表页查找

表页查找是指查找已经打开报表的某一表页。可以逐一查找和快速查找：逐一查找适用于报表表页比较少的情况；快速查找也称定位查找，适用于报表表页多，且需要查找的页标不能在报表的下方显示出来的情况。

快速查找表页的操作步骤如下：

①单击"编辑—查找"，出现"查找"对话框。

②在"查找"对话框中的查找内容里选择"表页"，在查找条件里分别选择或输入有关查找条件，如"月""≤""2"等。

③单击"查找"按钮，系统会将第一个符合条件的表页作为当前表页显示在屏幕上。

④单击"下一个"，系统会自动查找下一个符合条件的表页。

二、打印输出

会计报表一般都要求打印输出，它是会计报表较常用的一种输出方式。打印报表是指将编制出来的报表以纸介质的形式表现出来，打印输出是将报表进行保存、报送有关部门不可或缺的一种报表输出方式。不同的会计报表打印输出的要求不同。例如，资产负债表、利润表等月报要求每月打印，而有些内部报表可能需要时才打印。报表在打印之前必须在报表管理子系统中做好打印的有关设置，以及打印的格式设置，并确认打印机已经与主机正常连接。打印报表前可以在预览窗口进行预览。

在UFO报表中，显示的会计报表数据可以随时打印。也就是说，在显示会计报表时，单击工具栏中的打印按钮就可打印输出会计报表。每个报表在首次打印时，最好采用页面设置、打印设置、打印预览和打印四个步骤；而以后打印时，可只进行"打印"这一步骤。

三、网络传输

网络传输方式是通过计算机网络将各种报表从一个工作站传递到另一个工作站或几个工作站的报表传输方式。使用计算机网络进行报表传输，可在各自的计算机上方便、快捷地查看相关报表，这样大大地提高了会计数据的时效性和准确性，又有很好的安全性，并且可以节省报表报送部门大量人力、物力和财力。随着计算机网络的日益普及，网络传输方式的优势越来越明显，正在逐步取代其他方式的传输。

将报表生成网页HTML（Hyper Text Markup Lanyuaye，超文本标记语言）文件，可以把报表发布在企业内部网或互联网上，实现数据共享。"网络传输"常采用网络软件提供的电子邮件、QQ即时传送等方法。

项目六

薪资管理子系统

知识目标

- 了解薪资管理子系统参数的意义。
- 了解薪资管理子系统的主要功能。
- 熟悉单个工资类别和多个工资类别的处理流程。

技能目标

- 具备使用薪资管理子系统进行初始设置、日常核算和管理的能力。
- 掌握工资变动表的编辑。
- 掌握工资分摊计提的处理。

项目六　薪资管理子系统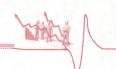

知识导图

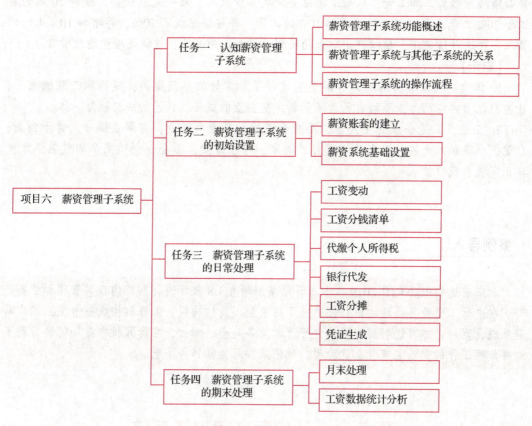

引思明理

"增效、加薪"华为薪酬管理实战案例

在瞬息万变的互联网时代，催生了互联网思维，颠覆了很多传统行业。但著名的华为公司不仅没有被互联网思维颠覆，还一直保持慢跑精神，每年都能持续增长，并且超越对手。其中的一个关键性秘诀就是：在慢跑中推进增量绩效管理。华为的职工薪酬管理与众不同。

让一个企业实现员工下降50%，人均劳动力增长80%，而销售收入增长20%。办法其实很简单，核心就是"减人、增效、加薪"。企业一定要牢记这六个字。

很多企业做预算的时候，总是给下面的人安排任务，这等于"逼着"他去做。华为的做法则截然相反。就一个规定：首先给他一个工资包，他拿多少工资，按比例倒推他的任务。比如：给他500万的工资包，他拿的工资是30万，那么他必然为这30万去想办法完成绩效。

131

会计电算化

　　企业最核心的管理问题是，一定要把公司的组织绩效和部门的费用、员工的收入联动。企业要考虑员工怎么活下去，要考虑员工的生活质量不下降。所以在华为，强制规定必须给核心员工加工资，从而倒推他要完成多少收入。每年完成任务，给前20名的员工加20%工资，中间20%的员工加10%的工资。每超额完成了10%，再增加10%比例的员工。在这种情况下，核心产出职位的薪酬要增加成为必然，这就是增量绩效管理。

【启示】

1. 华为的绩效管理制度为中国企业家做了非常好的示范案例，提高职工薪酬水平，让他们化为内在动力，驱动自己改革创新，把企业的成长和自己的成长融为一体。

2. 企业员工是企业的主人翁，要有责任感，要爱岗敬业，有职业操守，勇于创新，自觉把小我融入大我，把企业当成自己的家，增收降费，为企业创造更多的效益，才能真正实现自我价值。

案例导入

　　北京宏达有限公司自2019年1月开始使用用友U8软件进行薪资的日常管理和业务处理。在进行工资业务处理之前，应充分了解企业人员的构成、工资的构成等情况，完成薪资系统设置后，方可进行薪资的日常管理和业务处理。那么，在计算机中是如何进行薪资业务处理工作的呢？它有什么优势呢？我们来实际的操作一下吧。

任务一　认知薪资管理子系统

一、薪资管理子系统功能概述

　　薪资是企业依据职工付出劳动的数量和质量，在一定时期内以货币形式付给职工的劳动报酬。薪资核算和管理是人力资源管理的基本内容，是所有企业会计核算中最基本的业务之一，其正确与否直接关系到企业职工的切身利益和企业产品成本计算的准确性。由于薪资核算数据量大、业务处理时效性强、准确性要求高，因此薪资管理子系统也是会计工作人员电算化要求较迫切、使用较广泛的一个专项子系统。

　　薪资管理子系统是用友U8软件的重要组成部分。它功能强大、设计周到、操作方便的特点，适用于各类企业、行政、事业与科研单位，同时提供了同一企业存在多种工资核算类型的解决方案。该系统可以根据企业的薪资制度、薪资结构设置企业的薪资标准体系，在发生人事变动或薪资标准调整时执行调资处理，记入员工薪资档案作为工资核算的依据；根据不同企业的需要设计工资项目、计算公式，更加方便地输入、修改各种工资数据信息；进行自动计算、汇总工资数据，对形成工资、福利费等各项费用进行月末、年末账务处理，最终生成转账凭证传递到总账系统，将工资费用数据传递到成本管理系统。

薪资管理子系统主要具有的功能包括初始设置、业务处理和统计分析报表业务处理。

1. 初始设置

尽管各个单位的薪资核算有很多共性，但也存在很多个体差异。因此，各企业可以通过薪资管理系统的初始设置，根据企业自身的需要建立工资账套数据，完成薪资系统运行时所需要的基础信息。初始设置包括：进行薪资标准体系、调资业务、自定义工资项目及计算公式、人员附加信息、人员类别、部门选择、人员档案等设置；提供了多工资类别的核算等。

2. 业务处理

薪资管理是对企业所有人员工资数据进行管理，此部分内容包括调资的处理、薪资档案的管理、工资数据的变动、工资分钱清单、工资分摊的设置、自动完成工资的分摊和相费用的计提，生成相应凭证传递到总账、扣缴所得税等工作。同时，系统还提供对不同工资类别数据的汇总，从而实现工资同一核算和管理的功能。

3. 统计分析报表业务处理

薪资核算的最终是要通过报表和凭证来反映的。该系统提供了按月查询凭证、各种有关薪资的工资表和分析表的查询和分析功能，满足企业多层次、多角度查询的需要。

二、薪资管理子系统与其他子系统的关系

薪资核算是财务核算的一部分，其日常业务要通过记账凭证反映。它与其他子系统存在以下关系：

1）薪资管理子系统与基础设置共享基础数据。

2）薪资管理子系统向总账子系统传递工资分配与计提的凭证，也接受总账子系统的制约，如序时控制、辅助核算控制等。

3）薪资管理子系统可向成本核算子系统提供成本核算的直接人工数据。

4）报表管理子系统可通过定义公式直接从薪资管理子系统中提取数据。如图 6-1 所示。

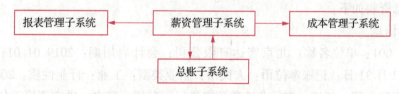

图 6-1 薪资管理子系统与其他子系统的关系

三、薪资管理子系统的操作流程

电算化环境下的薪资核算，是依据手工薪资核算的流程，按照薪资核算的要求进行的。用友 U8 薪资管理系统可以为多种工资核算类型的企业解决方案，因此，薪资管理子系统可

分为单个工资类别核算和多个工资类别核算。若一个企业的所有人员进行统一的工资核算，则使用单个工资类别即可。若企业有下列情况，则需使用多个工资类别进行核算：①需要分别对在职人员、退休人员、离休人员进行核算的企业；②需要分别对正式工、临时工进行核算的企业；③每月需要进行多次工资发放的企业；④有多个工厂的企业；⑤在不同地区有分支机构，由总管机构统一进行工资核算的企业。

安装好薪资管理系统后，对其系统操作的流程主要如下：

（一）单个工资类别管理—操作流程

建立账套—启用薪资管理子系统—建立薪资账套（选择单个工资类别）—进行初始设置—薪资日常业务处理—工资的分配与计提—月末处理。

（二）多个工资类别管理—操作流程

建立账套—启用薪资管理子系统—建立薪资账套（选择多个工资类别）—分类别进行初始设置—分类别进行薪资日常业务处理—分类别工资的分配与计提—分类别月末处理。

☞ 提示

薪资管理子系统最多可建立999套工资账，每个工资账套中最多可建立999个工资类别。

任务二 薪资管理子系统的初始设置

一、薪资账套的建立

（一）薪资管理子系统的启用

在正式使用薪资管理子系统前，需要结合企业的实际情况，通过系统的初始设置，将通用的薪资管理子系统改造为适合本企业核算要求的专用系统。

【例6-1】以北京宏达有限公司为例，进行创建账套、启用总账系统及薪资管理系统。企业基本信息资料如下：

1）账套信息。

账套号：001；单位名称：北京宏达有限公司；会计启用期：2019.01.01；会计期间：1月1日至12月31日；记账本位币：人民币；企业类型：工业；行业性质：2007年新会计制度科目；账套主管：刘辉；按行业性质预置科目；存货、客户、供应商均无分类，无外币核算；科目编码级次：4-2-2-2，其余采用系统默认值；启用总账、薪资管理子系统，启用日期均为2019年1月1日。

2) 操作员及权限，如表 6-1 所示。

表 6-1　操作员及权限

编号	姓名	岗位	权限
001	刘辉	账套主管	该账套的所有权限
002	王方	会计	总账及薪资管理所有权限

3) 部门档案，如表 6-2 所示。

表 6-2　部门档案

部门编码	部门名称	负责人
1	综合部	101 梁文
101	总经理办公室	101 梁文
102	财务部	102 刘辉
2	销售部	201 李亮
3	开发部	301 张岩

4) 开户银行。中国工商银行，账号定长 11 位，自动带出账号长度为 8 位。

5) 人员类别。正式工人员类别分为经理人员、管理人员、经营人员、开发人员。

6) 人员档案，如表 6-3 所示。

表 6-3　人员档案

人员编码	职员名称	性别	部门名称	人员类别	账号
101	梁文	男	总经理办公室	经理人员	62220090001
102	刘辉	男	财务部	经理人员	62220090002
103	乔丽	女	财务部	管理人员	62220090003
201	李亮	男	销售部	经理人员	62220090004
202	宋佳	女	销售部	经营人员	62220090005
301	张岩	男	开发部	经理人员	62220090006
302	孟力	男	开发部	开发人员	62220090007
303	许哲	男	开发部	开发人员	62220090008

7) 增加会计科目，如表 6-4 所示。

表 6-4　会计科目

管理费用（6602）	工资（660201）	总经理办公室（66020101）
		财务部（66020102）
	工会经费（660202）	总经理办公室（66020201）
		财务部（66020202）
销售费用（6601）	工资（660101）	
	工会经费（660102）	

续表

制造费用（5101）	工资（510101）
	工会经费（510102）
生产成本（5001）	薪酬（500102）
应付职工薪酬（2211）	工资（221101）
	工会经费（221102）

创建账套时，启用总账及薪资管理子系统，如图 6-2、图 6-3 所示。

[001]北京宏达有限公司账套启用会计期间2019年1月

系统编码	系统名称	启用会计期间	启用自然日期	启用人
☑GL	总账	2019-01	2019-01-01	admin

图 6-2　总账系统的启用

系统编码	系统名称	启用会计期间	启用自然日期	启用人
☑WA	薪资管理	2019-01	2019-01-01	admin

图 6-3　薪资管理子系统的启用

☞ **注意**

用友软件中包含很多子系统，在使用薪资管理子系统前，需将该系统启用，否则无法进行薪资管理子系统的相关操作。启用薪资管理子系统有两种途径：一是在创建账套时，由系统管理员（admin）在“系统启用”窗口中点击“薪资管理子系统”前的复选框进行系统启用；二是在创建账套后，由账套主管进入“企业应用平台”，单击“基础信息—系统启用”，在弹出的“系统启用”窗口中进行薪资管理子系统的启用。

在企业应用平台的基础信息设置完成后，这些信息在各子系统是可以数据共享的，完成后的部分界面如下：

增加操作员后的用户界面如图 6-4 所示。

用户编码	用户全名	部门	Email地址	手机号	用户类型	认证方式	状态
001	刘辉				普通用户	用户+口令(传统)	启用
002	王方				普通用户	用户+口令(传统)	启用
admin	admin				管理员用户	用户+口令(传统)	启用
demo	demo				普通用户	用户+口令(传统)	启用
SYSTEM	SYSTEM				普通用户	用户+口令(传统)	启用
UFSOFT	UFSOFT				普通用户	用户+口令(传统)	启用

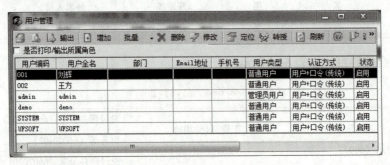

图 6-4　增加操作员

☞ **提示**

有关薪资的相关工作,属于人力资源的内容,因此其相关功能的操作及权限设置需要在"人力资源"下进行设置,以王方为例,该操作员的权限如图6-5所示。

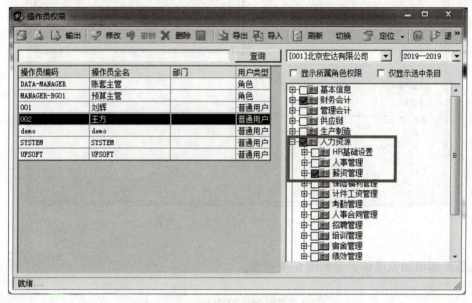

图6-5 薪资管理权限

部门档案增加完成的界面如图6-6所示。

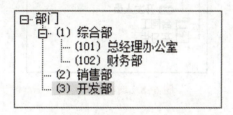

图6-6 增加部门档案

☞ **提示**

有关银行账户定长的设置,在此前没有涉及,具体操作步骤如下:

①双击"基础设置—基础档案—收付结算—银行档案",进入"银行档案"界面。

②在"银行档案"中双击"01中国工商银行",或单击界面上方的"修改",进入"修改银行档案"界面。

③在"修改银行档案"界面选中"个人账户规则"的"定长"前的复选框,并输入账号长度;还可根据账号规律进行"自动带出账号长度"设置。例如,职员信息的银行账号前8位都是"62220090",可以设置自动带出账号长度为8,如图6-7所示。单击"保存"完成设置。

137

修改银行档案
退出
基本信息
银行编码 01
银行名称 中国工商银行
个人账户规则
定长
账号长度 11
自动带出账号长度 8
企业账户规则
定长
账号长度 12

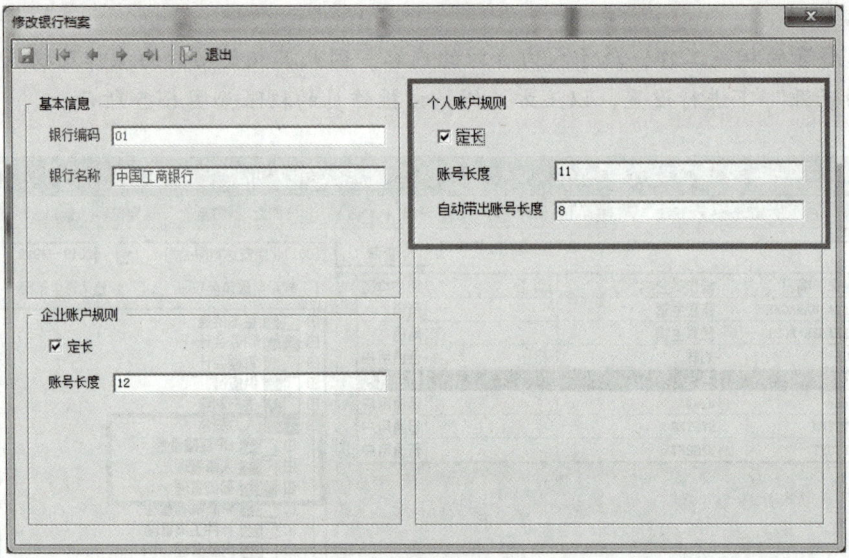

图 6-7 “个人账户规则”设置

人员类别增加完成的界面如图 6-8 所示。

人员类别(HR_CT000)
正式工
经理人员
管理人员
经营人员
开发人员
合同工
实习生

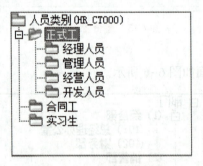

图 6-8 增加人员类别

人员档案录入完成的界面如图 6-9 所示。

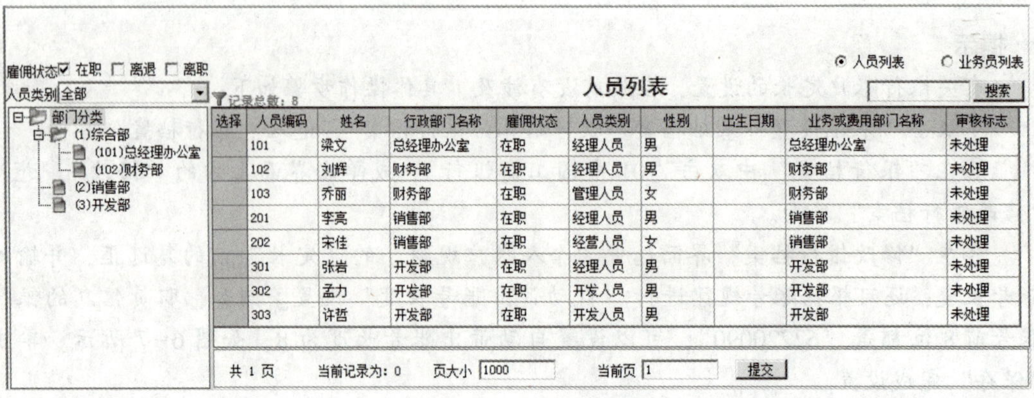

人员列表
人员列表
业务员列表
搜索
雇佣状态 在职 离退 离职
人员类别 全部
记录总数：8
部门分类
(1)综合部
(101)总经理办公室
(102)财务部
(2)销售部
(3)开发部
选择 人员编码 姓名 行政部门名称 雇佣状态 人员类别 性别 出生日期 业务或费用部门名称 审核标志
101 梁文 总经理办公室 在职 经理人员 男 总经理办公室 未处理
102 刘辉 财务部 在职 经理人员 男 财务部 未处理
103 乔丽 财务部 在职 管理人员 女 财务部 未处理
201 李亮 销售部 在职 经理人员 男 销售部 未处理
202 宋佳 销售部 在职 经营人员 女 销售部 未处理
301 张岩 开发部 在职 经理人员 男 开发部 未处理
302 孟力 开发部 在职 开发人员 男 开发部 未处理
303 许哲 开发部 在职 开发人员 男 开发部 未处理
共 1 页 当前记录为：0 页大小 1000 当前页 1 提交

图 6-9 人员档案

（二）薪资账套的建立

以单个工资类别为例，系统初始化设置流程如图 6-10 所示。

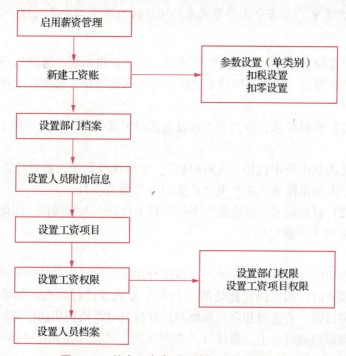

图 6-10 单个工资类别系统初始化设置流程

启用薪资管理子系统后，在首次使用该系统时，需要建立工资账套。工资账套是薪资核算及正确运行的基础，将影响工资项目的设置和工资业务的具体处理方式。建立一个完整的账套，是系统正常运行的根本保证。可通过系统提供的建账向导，逐步完成整套薪资的建账工作。当初次使用薪资管理子系统时，系统将自动进入建账向导。系统提供的建账向导包括参数设置、扣税设置、扣零设置及人员编码设置。

【例6-2】"002 王方"为北京宏达有限公司建立薪资账套，设置业务控制参数：工资类别个数为单个；要求代扣个人所得税；不进行扣零处理；人员编码长度为 3 位。

操作步骤：

以 002 王方的身份登录企业应用平台，选择"业务工作—人力资源—薪资管理"，进入建立工资套向导界面。

1. 参数设置

参数设置包括工资类别个数及币别名称的设置：

· 工资类别个数

如果单位中所有人员的工资统一管理，工资项目、工资计算公式相同，则选择"单个"工资类别；如果单位按周或月多次发放工资，或是单位中有多种不同类别（部门）的人员，其工资发放项目也不完全相同，计算公式也不相同，需要进行统一工资管理时，应选择"多个"工资类别，这样可对人员工资进行分类核算和管理。

> **注意**
> 若目前企业采用的是单个工资类别，日后由于企业需要，可以将单个工资类别通过设置修改为多个工资类别；但多个工资类别是无法修改为单个工资类别的。

·币别名称

币别名称是指要设定该账套工资的核算币种。系统提供币别参考供用户选择。单位发放工资的货币，视单位而定。如果选择除本位币以外的其他币别，必须在工资类别参数维护中设置所使用的汇率。

按照【例6-2】资料要求，该企业参数设置选择工资类别个数为"单个"即可。

2. 扣税设置

用来确定"是否从工资中代扣个人所得税"。如果选择此项，薪资核算时系统会根据相关设置自动计算个人所得税额，并产生"代扣税"等薪资项目。

按照【例6-2】资料要求，该企业需要从工资中代扣个人所得税，因此在所列的复选框中进行勾选，单击"下一步"。

3. 扣零设置

扣零设置是指系统是否进行口令处理及在进行扣零处理时依据的扣零类型。如果企业采用现金形式发放薪资时，则可以在此处的"扣零"复选框进行勾选。如果采取银行代发工资，则很少做扣零设置。若选择扣零，系统在计算薪资时将依据所选择的扣零类型将零头扣下，并在以后积累成整数时补上。系统有"扣零至元""扣零至角""扣零至分"等类型，任选其一。

选择扣零处理后，系统会自动产生"本月扣零""上月扣零"两个工资项目，扣零的计算公式将由系统自动定义，无须自行设置。

根据资料，该企业不进行扣零设置，单击"下一步"。

4. 人员编码

人员编码，即单位人员编码长度，用户可根据需要自定义编码长度，但最长不超过10位数。长度的选择主要依据职工编码方式及职工人数而定。人员编码应与基础设置选项卡中人员档案的代码长度一致。具体人员编码长度的设置，在建好工资套后，在"设置—选项"中进行设定（具体操作在后面的基础设置中进行介绍）。单击"完成"，工资套建立完成。

> **注意**
> 工资套建立向导中的部分设置可在日后的"薪资管理—设置—选项"中进行修改。但工资账套所选择的核算币种经过一次工资数据处理后是不能修改的。

二、薪资管理子系统基础设置

工资套建立完成后，在进行具体薪资操作时我们发现，虽然在系统管理的操作员权限中授予了王方薪资管理的所有权限，但系统仍会提示"此操作员没有任何部门的权限"，在这时，就需要先进行工资的数据权限分配。

具体操作：

①账套主管的身份重新登录企业应用平台，双击"系统服务—权限—数据权限分配"。

②选择"用户王方"。

③单击"授权",进入"记录权限设置"界面。

④从"业务对象"的下拉选项中选择"工资权限",从该界面右上角可以看出,工资权限又具体分为"部门"和"工资项目"的权限设置。

⑤将所有部门从"禁用"区选到"可用"区;再单击界面右上角的"工资项目",将所有工资项目从"禁用"区选到"可用"区,单击"保存"即可,如图6-11、图6-12所示。

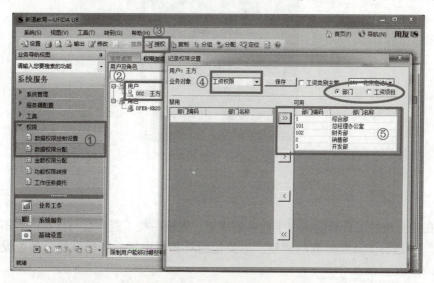

图6-11　工资权限中的部门授权

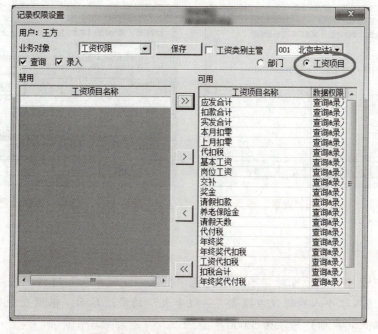

图6-12　工资权限中的工资项目授权

授权后,需要重新登录企业应用平台。以"002 王方"的身份登录,双击"薪资管理—设置",可进行薪资管理子系统的基础设置,其内容包括发放次数管理、人员附加信息设置、工资项目设置、人员档案及选项,如图6-13所示。

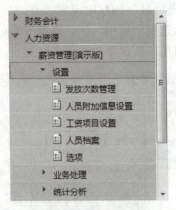

图6-13　设置的内容

(一) 选项

系统在建立新的工资套后或由于业务的变更,发现一些工资参数与核算内容不符,可以在"选项"中进行工资账参数的调整,主要包括对扣零设置、扣税设置、参数设置、汇率调整参数的修改。

具体操作:选择"设置—选项",进入"选项"窗口,单击"编辑"即可对各种参数进行修改。可修改的内容如图6-14、图6-15、图6-16、图6-17、图6-18和图6-19所示。

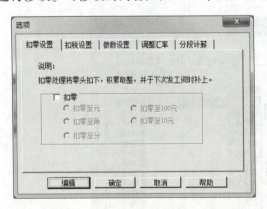 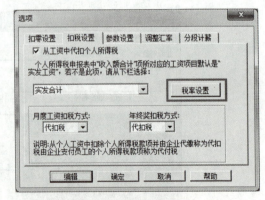

图6-14　"选项—扣零设置"界面　　　图6-15　"选项—扣税设置"界面

> ☞ 提示
>
> 在"扣税设置"中,可对"个人所得税申报表——税率表"进行调整。单击"税率设置",即可进入"个人所得税申报表——税率表"的修改界面。根据最新个人所得税的规定,将起征点(基础)修改为5 000。

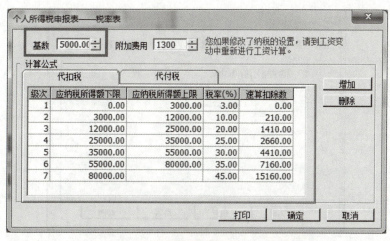

图 6-16 "个人所得税申报表——税率表"

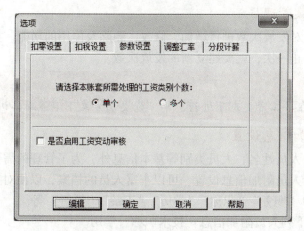

图 6-17 "选项—参数设置"界面

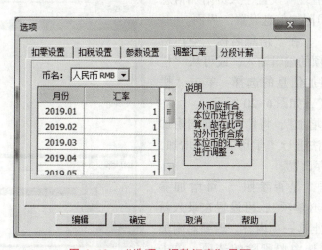

图 6-18 "选项—调整汇率"界面

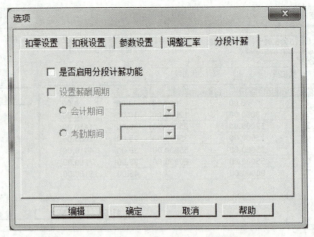

图6-19 "选项—分段计薪"界面

(二) 发放次数管理

发放次数管理是对发放次数进行增加、修改、删除及停用的功能。如果企业每个月发放工资或薪金的次数不止一次,就要建立新的发放次数。

☞ **注意**
　　发放次数只能在多工资类别下进行,单工资类别方式下不能对其进行操作。

(三) 人员附加信息设置

除了人员编号、人员姓名、人员类别等基本信息外,为了管理的需要,还需要增加一些辅助管理信息。进行人员附加信息设置,可以丰富人员的档案,以便对人员进行更加有效的管理,如增加人员的"职务""职称""学历""工龄""婚否"等。

【例6-3】增加下列人员附加信息:技术职称、学历。

操作步骤:

①双击"薪资管理—设置—人员附加信息设置",进入"人员附加信息设置"界面。

②单击"增加",在"信息名称"空白栏进行新增附加信息项的编辑输入,或可从"栏目参照"中进行附加信息的选择:单击"栏目参照—技术职称",如图6-20所示。

③再次单击"增加",将信息增加到附加信息中。以同样方法进行"学历"项的增加,单击"确定",保存设置。

另外,复选框"是否参照",可增加参照;复选框"是否必输项",可设置在录入新人员数据时必须填上这一项内容。若要对附加信息进行删除,则选中要删除的选项,单击"删除"即可。

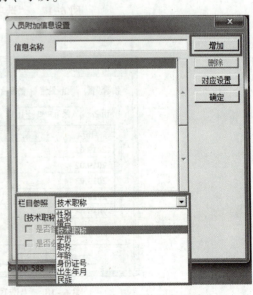

图6-20 人员附加信息设置

（四）工资项目设置

工资项目设置就是定义工资项目的名称、类型、宽度、公式等，可以根据需要自由地增加和设置工资项目及公式。

1. 工资项目

系统自带的工资项目也会随着参数设置的内容有所不同。

·若该工资套不进行"代扣个人所得税"及"扣零设置"，系统显示的工资项目只有"应发合计""扣款合计""实发合计""年终奖"。

·若该工资套建账时选择进行扣零设置，则系统自动显示扣零设置的相关工资项目，如图 6-21 所示。

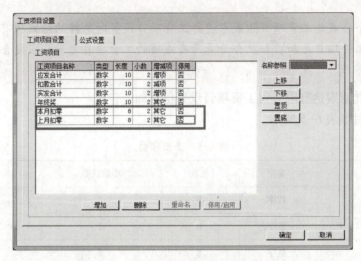

图 6-21 "扣零设置"相关工资项目

·若该企业在建账时设置了需要代扣个人所得税，则工资项目会自动显示与代扣个人所得税相关的项目，如图 6-22 所示。

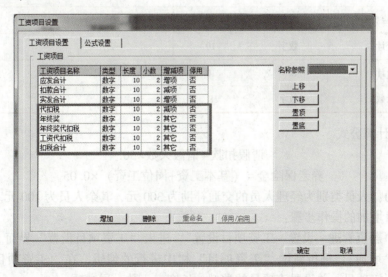

图 6-22 "扣税设置"相关工资项目

☞ **注意**

除了系统中自带的工资项目，用户可以自行增加所需的其他工资项目，也可从"名称参照"中进行选择添加。

2. 公式设置

在"工资项目设置"窗口中的"公式设置"页签可定义工资项目的计算公式，定义工资项目的计算公式是指对工资核算生成的结果设置计算公式，可直观表达工资项目的实际运算过程，灵活地进行工资计算处理。系统自带的公式有应发合计、扣款合计、实发合计。用户还可自行定义其他各工资项目的公式。

☞ **提示**

自带的三个公式的工资项目组成与进行工资项目设置时选择的增减项有关。应发合计是所有增项的工资项目之和；扣款合计是所有减项的工资项目之和；实发合计是应发合计与扣款合计的差额。

【例6-4】北京宏达有限公司工资项目设置信息如下：

1）工资项目如表6-5所示。

表6-5 工资项目

项目名称	类型	长度	小数位数	工资增减项
基本工资	数字	8	2	增项
岗位工资	数字	8	2	增项
交补	数字	8	2	增项
奖金	数字	8	2	增项
应发合计	数字	10	2	增项
请假扣款	数字	8	2	减项
养老保险金	数字	8	2	减项
扣款合计	数字	10	2	减项
实发合计	数字	10	2	增项
请假天数	数字	8	0	其他

2）工资计算公式。

请假扣款＝请假天数×50

养老保险金＝（基本工资＋岗位工资）×0.05

交通补助：人员类别为经理人员的交通补助为300元，其余人员为100元。

工资项目增加的操作步骤：

①双击"薪资管理—设置—工资项目设置"，进入"工资项目设置"界面。

②单击"增加"，进行新增"工资项目"栏中进行的编辑，在"工资项目名称"中输入要增加的工资项目，并设置该项目的类型、长度、小数、增减项。

或可从界面右上方的"名称参照"下拉菜单中进行工资项目的选择。例如,"基本工资",在名称参照中已有此项,可以单击"增加",单击界面右上角的"名称参照"下拉框,选择"基本工资",单击"增加"。

☞ **提示**

"增项"是指可以使工资的"实发合计"数增加的各项目;"减项"是指可以使工资的"实发合计"数减少的各项目。"其他"是不直接参与工资增减变动的各工资项目。

③新增工资项目随即出现在"工资项目"栏内,同时进行下个工资项目的添加。添加好的工资项目如图 6-23 所示。

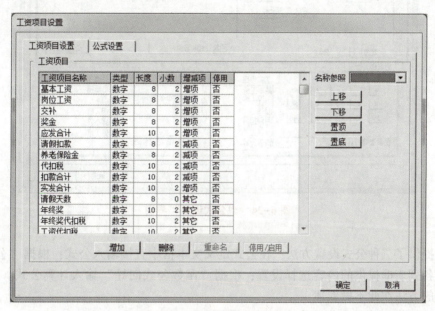

图 6-23　工资项目添加完成

☞ **注意**

工资项目可以通过"上移""下移""置顶""置底"的功能按钮进行顺序的变动。一般地,所有为增项的工资项目放在"应发合计"前,所有为减项的工资项目放在"扣款合计"前。另外,工资项目的名称不能重复。另外,已经使用的工资项目不允许删除和修改数据类型。系统提供的固定工资项目也不允许修改和删除,只有在建立工资套时选择了"是否核算计件工资"选项,工资中才会自动显示"计件工资"项目。

☞ **想一想**

工资项目增加完成后,我们发现,"公式设置"的页签是无法打开的,出现此问题的原因是什么呢?

原因在于,我们还没有进行人员档案的设置,只有在薪资管理系统中进行了人员档案的设置后,才可进行工资项目公式的设置。

3. 公式设置

"人员档案"及"工资项目"设置完成之后,才可以定义工资项目的计算公式。定义公式可以快速编辑部分工资项目,减少手工录入工资数据的工作量。"公式设置"界面分为上下两个部分,上半部分为编辑公式区,下半部分为参照选择区,如图6-24所示。

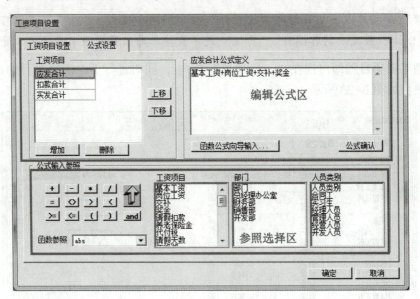

图6-24 "公式设置"界面

系统提供了三种公式设置方法:在公式定义文本框中直接输入公式;根据"公式设置"选项卡中各列表框提供的内容选择设置;根据"函数公式向导"输入计算公式。对于直接输入公式的方法在此不做叙述。

(1) 参照各列表框提供的内容选择编辑公式。

例如,进行"请假扣款""养老保险金"公式定义的操作。

①在"公式设置"页签中单击"增加",在工资项目列表中新增一行,在下拉列表汇总选择需要设置计算公式的工资项目"请假扣款"。

②通过参照选择区单击工资项目"请假天数",该工资项目会立即显示在公式编辑区。

③在公式编辑区内,"请假天数"后,录入"*50",或在界面左下角"运算符"选择"*""50"。

> ☞ 提示
> 单击"⇧",可进行运算符和标点的转换。

④单击"公式确认",进行合法性检查,如图6-25所示。单击"确定",保存并退出编辑。

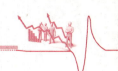

项目六 薪资管理子系统

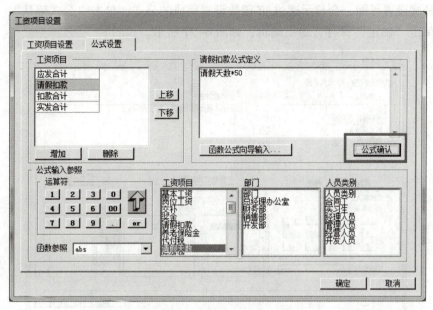

图6-25 "请假扣款"公式编辑

"养老保险金"公式的定义同上。

(2) 利用函数公式向导编辑公式。

例如,可通过iff函数进行"交补"公式的定义,具体操作步骤如下。

①在下拉框中选择"交补",单击"函数公式向导输入"调出函数向导对话框。

②选择iff函数,单击"下一步",进入iff函数编辑界面。

③单击"逻辑表达式"后的按钮,进入"参照列表",选择"人员类别—经理人员",单击"确定"。

④在"逻辑表达式"中显示"人员类别=经理人员",按题意设置,在"算术表达式1"文本框中输入"300",在"算术表达式2"文本框中输入"100",单击"完成",如图6-26所示。

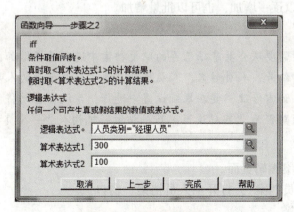

图6-26 iff函数编辑完成

149

⑤在公式设置界面，会显示通过 iff 函数设置完成的公式，单击"公式确认"，进行合法性检查，单击"确定"保存并退出编辑，如图 6-27 所示。

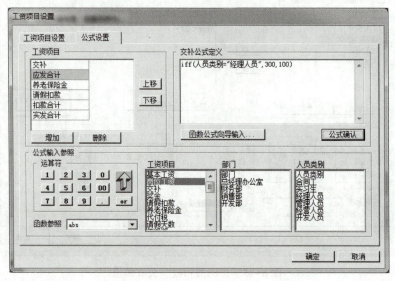

图 6-27 "交补"公式编辑完成

☞ **注意**

　　在定义公式时，工资项目的排列顺序将决定工资计算的先后顺序，因此一定要注意公式中各项目的逻辑排列顺序是否正确。

（五）人员档案

1. 增加人员档案

　　人员档案的设置用于登记工资发放人员的姓名、职工编号、所在部门、人员类别等信息。员工的增减变动都必须在本功能中进行处理。人员档案设置的内容越全面，越有利于日后对人员工资的管理。

　　增加人员档案可以逐一增加，也可以批量增加。

☞ **注意**

　　增加的人员档案需要从公共基础已存的职员档案中进行选择增加，不能在薪资管理子系统直接增加。人员编号、人员姓名、人员类别来源于公共平台的人员档案信息，薪资管理子系统不能修改。如需修改，要在基础设置中进行，系统会自动将修改的信息同步到薪资管理子系统。修改路径为"基础设置—基础档案—机构人员—人员档案"。

操作步骤：

（1）进入人员档案编辑页面。

双击"设置—人员档案"，打开"人员档案"窗口。

（2）增加人员档案。

1）逐一增加，即从已存在系统的人员中进行——选择、增加。

①单击页面左上角的"增加"，进入"人员档案明细"界面。

项目六　薪资管理子系统

> **注意**
> "人员档案明细"窗口有两个页签，"基本信息"页签录入的是工资核算的必要信息；"附加信息"页签录入的是之前在"人员附加信息设置"中增加的项目，若此信息选择为"必输项"，则必须录入。

②单击"人员姓名"后方的按钮，进入"人员选入"对话框。

③选择要增加的人员信息，单击"确定"。该人员档案即显示在"人员档案明细"窗口。

④单击"确定"，该人员信息显示在"人员档案"界面中，如图6-28所示。

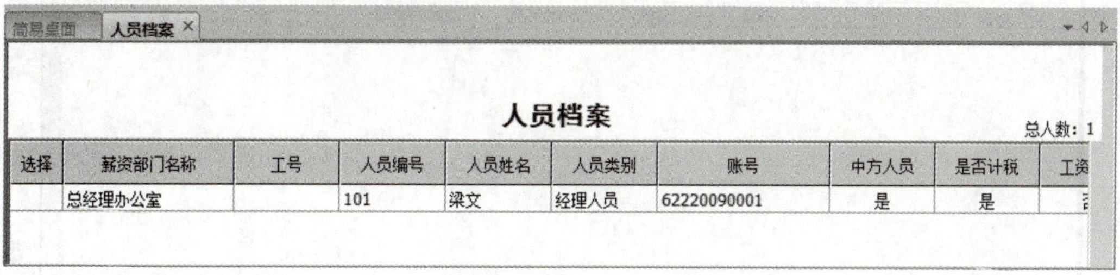

图6-28　逐一增加人员档案

2）批量增加人员档案。

①单击"人员档案"上方的"批增"，进入"人员批量增加"窗口。

②选择要增加人员的所在部门，单击"查询—全选—确定"按钮，进行批量增加，如图6-29所示。

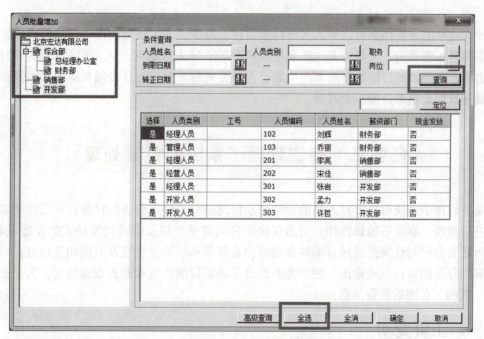

图6-29　人员档案批量增加

批量增加后的人员档案，如图 6-30 所示。

选择	薪资部门名称	工号	人员编号	人员姓名	人员类别	账号	中方人员	是否计税	工资
	总经理办公室		101	梁文	经理人员	62220090001	是	是	
	财务部		102	刘辉	经理人员	62220090002	是	是	
	财务部		103	乔丽	管理人员	62220090003	是	是	
	销售部		201	李亮	经理人员	62220090004	是	是	
	销售部		202	宋佳	经营人员	62220090005	是	是	
	开发部		301	张岩	经理人员	62220090006	是	是	
	开发部		302	孟力	开发人员	62220090007	是	是	
	开发部		303	许哲	开发人员	62220090008	是	是	

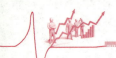

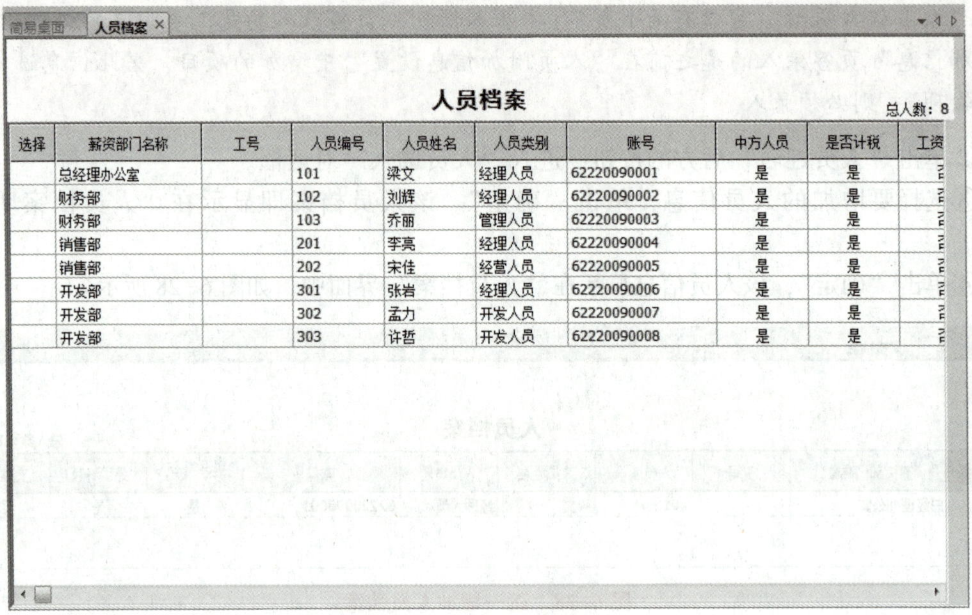

图 6-30　人员档案设置完成

2. 修改或删除人员档案

当人员档案由于某种原因需要修改或删除时，可在“人员档案”列表窗口选择要修改或删除的人员记录，单击“修改”或“删除”即可。

3. 导入或导出人员档案

导入或导出人员档案可以导入人员档案信息，减少录入工作量；也可导出档案信息，防止数据的破坏和丢失，又可为其他账套提供资源等。导入数据时，人员编号长度必须相等，导入之前，必须做好目标数据的部门档案、人员类别的设置，而且必须与源数据一致，源数据和目标数据必须来自同一个月份。

任务三　薪资管理子系统的日常处理

薪资管理子系统可以针对人员的增减变动情况随时调整工资表的计算；可以对职工薪资数据进行修改、删除等编辑操作；对薪资提供分钱清单处理及银行代发格式的设置及输出；可进行薪资分配与计提并通过自动转账功能向总账等系统传递凭证及其他相关信息；可按个人、部门等不同数据形式输出，便于企业充分了解薪资的构成和薪资变动情况，为企业提供及时、准确、有用的薪资信息。

一、工资变动

职工每月的薪资数据主要记录在工资变动表中，此部分内容主要包括初始工资数据的录入和本月工资变动的处理。

工资表中数据生成的方式主要有以下三种：逐笔录入、数据替换、通过公式计算生成。逐笔录入是一种最基本的操作方法，虽然工作量大，但是可以完成全部薪资数据的编辑。利用数据替换及公式两种方法，可以使部分有规律的薪资数据快速形成，减少录入工作量。数据替换功能也常常用来修改每月变动的工资数据。

（一）初始工资数据的录入

【例6-5】 北京宏达有限公司1月初的工资情况如表6-6所示，利用逐笔录入和数据替换的方法生成数据。

表6-6 工资表

姓名	基本工资	岗位工资
梁文	5 000	4 000
刘辉	3 000	2 400
乔丽	2 000	1 600
李亮	3 000	2 400
宋佳	2 000	1 600
张岩	3 000	2 400
孟力	2 000	1 600
许哲	2 000	1 600

有关初始数据的录入，以直接逐笔录入和数据替换的方法进行介绍。"基本工资"进行逐笔录入，而"岗位工资"是"基本工资"的80%，可以通过数据替换的方法生成数据。

逐笔录入数据生成方法操作步骤：

①双击"业务处理—工资变动"，进入"工资变动"界面。

②按资料要求，在此界面上双击各人员"基本工资"所在列。直接输入各人员的"基本工资"，如图6-31所示。

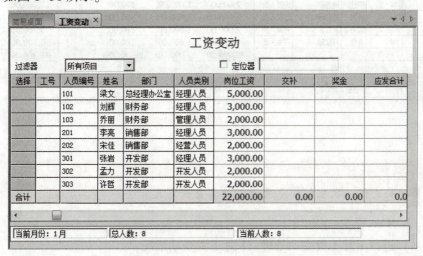

图6-31 "基本工资"数据录入

数据替换数据生成方法操作步骤：

①单击"工资变动"表界面上方的"全选"，选择所有人员。

②单击"替换"，调出数据替换编辑界面，在工资项目的下拉框处选择"岗位工资"，给予一定的条件，即替换成"基本工资*0.8"，如图6-32所示。

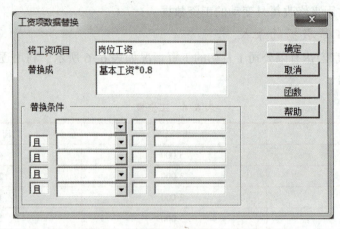

图6-32 "工资项数据替换"对话框

③单击"确定"，系统会做出"数据替换后将不可恢复，是否继续？"的提示，单击"是"，在工资变动表中凡是满足这些条件的工资项目会自动更新，如图6-33所示；

选择	工号	人员编号	姓名	部门	人员类别	基本工资	岗位工资	交补	奖金	应发合计	请假
	101		梁文	总经理办公室	经理人员	5,000.00	4,000.00	300.00		9,300.00	
	102		刘辉	财务部	经理人员	3,000.00	2,400.00	300.00		5,700.00	
	103		乔丽	财务部	管理人员	2,000.00	1,600.00	100.00		3,700.00	
	201		李亮	销售部	经理人员	3,000.00	2,400.00	300.00		5,700.00	
	202		宋佳	销售部	经理人员	2,000.00	1,600.00	100.00		3,700.00	
	301		张岩	开发部	经理人员	3,000.00	2,400.00	300.00		5,700.00	
	302		孟力	开发部	开发人员	2,000.00	1,600.00	100.00		3,700.00	
	303		许哲	开发部	开发人员	2,000.00	1,600.00	100.00		3,700.00	
合计						22,000.00	17,600.00	1,600.00		41,200.00	

图6-33 数据替换完成

> **注意**
> 数据替换公式仅一次生效，下次使用时需重新定义。

（二）本月工资变动处理

【例6-6】进行1月工资变动处理。1月工资变动情况：

1) 考勤情况：宋佳请假2天，许哲请假1天。

2）因 1 月销售业绩较好，销售部每人发放奖金 500 元。该数据通过公式定义生成。

3）招聘李力到开发部工作，其基本工资为 2 000 元，无岗位工资，交通补助、养老保险金的管理遵从其他人员。李力资料如下：编号 304；性别女；类别为开发人员；代发工资银行账号 62220090009。

操作步骤：

1）在"工资变动"表中，宋佳、许哲所在列的"请假天数"中分别输入"2""1"。或通过以下方法加快录入：

使用过滤器：如果只需对某些项目进行录入或部分人员的工资数据进行修改；可使用项目过滤器功能，选择某些项目录入或修改；先定位后录入：如果录入某个指定部门或人员的数据，可先单击"定位"，让系统自动定位到需要的部门或人员，然后录入数据；使用"筛选"功能：如果需按某些条件筛选符合条件的人员进行录入，可使用数据筛选功能。

2）销售部每人增加奖金 500 元，此部分内容通过第三种数据形成方式（公式定义）生成。其公式定义的操作同"交补"的公式设置。

公式生成数据生成方法操作步骤：

①单击"工资变动"表上方的"设置"，进入"工资项目设置"界面，选择"公式设置"页签。

②单击"增加"，选择"奖金"，单击"函数公式向导输入"，选择 iff 函数。

③在逻辑表达式选择"部门=销售部"，算术表达式 1 输入"500"，算术表达式 2 输入"0"，单击"完成"。

④单击"公式确认"，进行合法性检查，单击"确定"保存并退出编辑。弹出"工资项目或公式已经修改，是否按新的设置计算？"提示框，单击"是（Y）"按钮，生成相应数据，如图 6-34 所示。

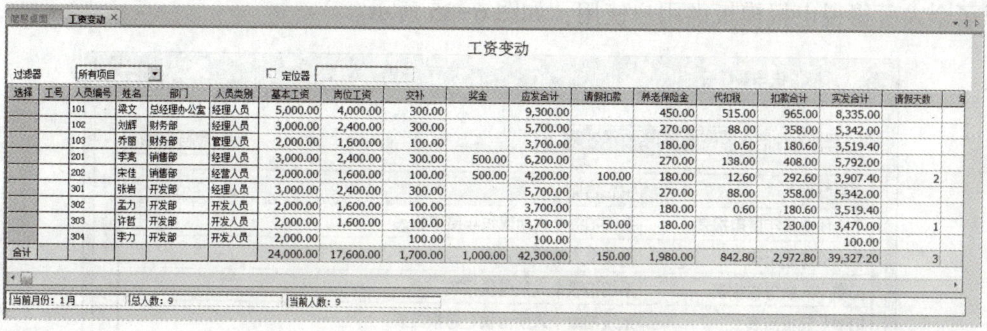

图 6-34　公式生成数据界面

☞ **注意**

若同一个工资项目既定义了计算公式也定义了数据替换，则软件优先处理计算公式，不再考虑数据替换公式，并且数据替换公式仅一次生效，下次使用时需重新定义。数据、计算公式等变动时，单击"计算"和"汇总"，对个人工资数据重新进行计算。若对工资数据进行了变动，则还需进行重新汇总，单击"工资变动—汇总"菜单即可，如未执行"工资汇总"功能，则在退出工资变动时，系统自动进行汇总操作。

3）新增人员工资数据录入。

具体操作：

①选择"基础设置—基础档案—机构人员—人员档案"，新增"李力"个人信息。

②选择"业务工作—人力资源—设置—人员档案"，单击"增加"，将李力的信息从基础信息中选择到薪资管理子系统的人员档案中（此部分操作前面已有讲述）。

③双击"人力资源—业务处理—工资变动"，将李力的"基本工资"数据进行录入，重新计算变动表。

二、工资分钱清单

工资分钱清单是按单位计算的工资发放分钱票面额清单，会计人员根据此表从银行取款并发给各部门。执行此功能，则必须在个人数据输入、调整完之后。如果个人数据在计算后又做了修改，须重新执行本功能，以保证数据正确。本功能有部门分钱清单、人员分钱清单、工资发放取款单三部分；据此，可分出每个部门甚至每个人工资所要发放的钞票面额。目前很多企业采用银行代发工资，工资分钱清单不需要使用。

三、代缴个人所得税

现行的《中华人民共和国个人所得税法》明确规定，凡是向个人支付应纳所得税的企事业单位，都有代扣代缴个人所得税的义务。因此，计算、申报和缴纳个人所得税成为单位薪资管理中的一项重要内容。薪资管理子系统设置了自动计算个人所得税的功能，用户仅仅需要输入工资数据，并且根据职工个人收入的来源构成，在系统中定义好计税基数和税率，系统便会自动计算出每位职工需要缴纳的个人所得税，并生成个人所得税申报表。系统中也提供了个人所得税申报模板供用户使用，如图6-35所示。

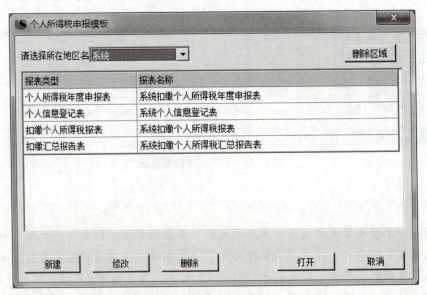

图6-35 "个人所得税申报模板"对话框

四、银行代发

银行代发即由银行代发放企业职工个人工资。目前绝大多数单位发放工资时都采用银行卡方式发放，这种方法既减轻了财务部门发放工资的工作量，有效避免财务部门到银行提取大笔款项所承担的风险，又提高了员工工资的保密程度。

五、工资分摊

工资分摊是指对当月发生的工资费用进行工资总额计算、分配及各种与工资有关的经费的计提，并生成自动转账凭证，传递到总账子系统。另外，也分摊与工资有关的其他项目，如福利费及工会经费等。

【例 6-7】对北京宏达有限公司 2019 年 1 月的薪资进行工资分摊设置，其信息如下：

1）工资分摊计提基数以工资表中的"应付工资"为准。

2）分摊设置如表 6-7 所示。

表 6-7　工资分摊表

部门		工资		工会经费（2%）	
		借	贷	借	贷
总经理办公室		66 020 101	221 101	66 020 201	221 102
财务部：	经理人员	66 020 102	221 101	66 020 202	221 102
	管理人员	66 020 102	221 101	66 020 202	221 102
销售部：	经理人员	660 101	221 101	660 102	221 102
	经营人员	660 101	221 101	660 102	221 102
开发部：	经理人员	510 101	221 101	510 102	221 102
	开发人员	500 102	221 101	500 102	221 102

操作步骤：

①双击"人力资源—业务处理—工资分摊"，进入"工资分摊"设置界面，如图 6-36 所示。

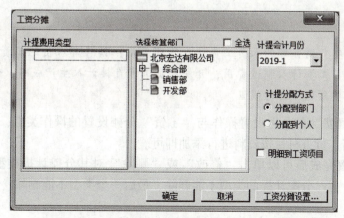

图 6-36　工资分摊

②单击界面右下角的"工资分摊设置",打开"分摊类型设置"窗口。

③单击"增加",进入"分摊计提比例设置"窗口,输入计提类型名称"工资";分摊计提比例为100%,单击"下一步",如图6-37所示。

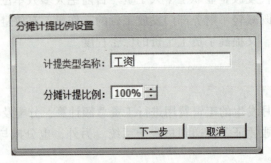

图6-37 分摊计提比例设置

④在弹出的"分摊构成设置"窗口中,按表6-7中的内容输入要分摊的构成设置,包括部门名称、人员类别、工资项目、生成凭证的借、贷方科目等,单击"完成",如图6-38所示。

部门名称	人员类别	工资项目	借方科目	借方项目大类	借方项目	贷方科目	贷方项目大类
总经理办公室	经理人员	应发合计	66020101			221101	
财务部	经理人员	应发合计	66020102			221101	
财务部	管理人员	应发合计	66020102			221101	
销售部	经理人员	应发合计	660101			221101	
销售部	经营人员	应发合计	660101			221101	
开发部	经理人员	应发合计	510101			221101	
开发部	开发人员	应发合计	500102			221101	

图6-38 "工资"分摊构成设置

> ☞ **提示**
>
> 总经理办公室、财务部的人员工资计入管理费用;销售部人员的工资计入销售费用;开发部的管理人员工资计入制造费用,开发人员工资直接计入生产成本。分摊设置时,要分部门、分人员类别逐一进行设置。

对于"工会经费"的分摊设置操作与"工资"分摊设置的操作类似,只是需要将计提比例改为2%,借、贷方科目按资料进行添加即可。

分摊类型设置完成后可以单击"修改"或"删除"对其分摊计提类型进行相应操作,如图6-39所示。但已分配计提的类型不能删除、最后一个类型不能删除。

项目六 薪资管理子系统

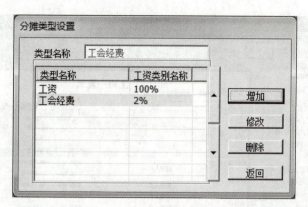

图 6-39 "分摊类型设置"对话框

六、凭证生成

工资分摊及费用计提的结果，最终都将以凭证的形式传递到总账系统中。

【例 6-8】在薪资管理子系统中，根据工资分摊设置生成相应凭证。

操作步骤：

①在"工资分摊"界面中，选中"计提费用的类型""核算部门""计提分配方式""明细到工资项目"前的复选框，选择计提会计月份为 1 月，单击"确定"，如图 6-40 所示。

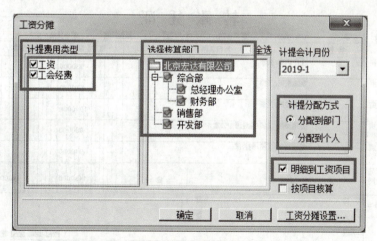

图 6-40 工资分摊

②进入"工资分摊明细"，选择生成凭证类型为"工资"，勾选"合并科目相同、辅助项目相同的分录"前的复选框，单击界面左上方的"制单"，如图 6-41 所示。

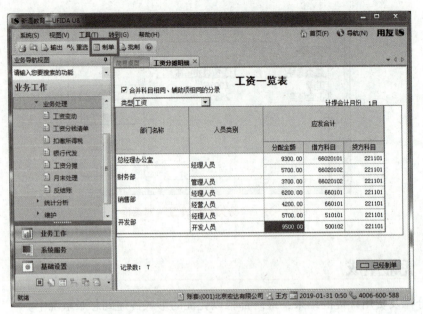

图 6-41 工资分摊明细

③选择凭证类型为转账凭证,单击"保存",生成的"工资"凭证如图 6-42 所示。

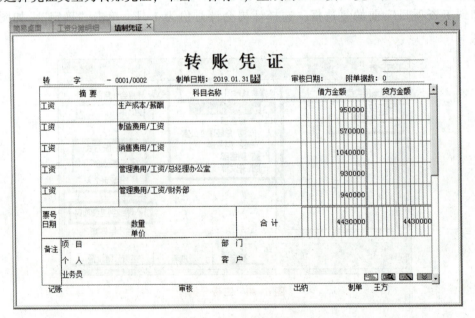

图 6-42 "工资"凭证

④在"工资分摊明细"界面上,单击"类型"下拉框,选择"工会经费"的分摊类型,勾选"合并科目相同、辅助项相同的分录"前的复选框。

⑤单击"制单",选择凭证类型为转账凭证,单击"保存",生成的"工会经费"凭证。或者可以通过界面上方的"批制",成批生成多张凭证。生成的凭证可以在薪资管理子

系统的"统计分析—凭证查询"中进行查看、修改、删除、冲销处理，如图6-43所示。

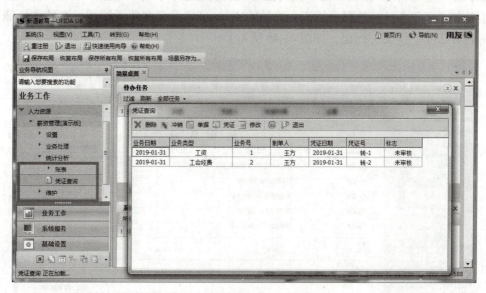

图6-43 薪资管理子系统凭证查询

☞ **注意**

在薪资管理子系统中生成的凭证传输到总账系统，可以在总账子系统中进行凭证查询、审核、记账等处理。但如果该凭证有错误需要修改，则不能在总账子系统中修改或删除，而是需要在凭证生成的系统（即薪资管理子系统）中进行修改、删除等操作。

【例6-9】 删除"工会经费"的凭证，并将该凭证从总账子系统中彻底删除。

操作步骤：

①双击"人力资源—薪资管理—统计分析—凭证查询"，进入"凭证查询"界面，单击要删除的凭证所在列，单击"删除"，系统会出现"是否要删除当前凭证？"的对话框，如图6-44所示。

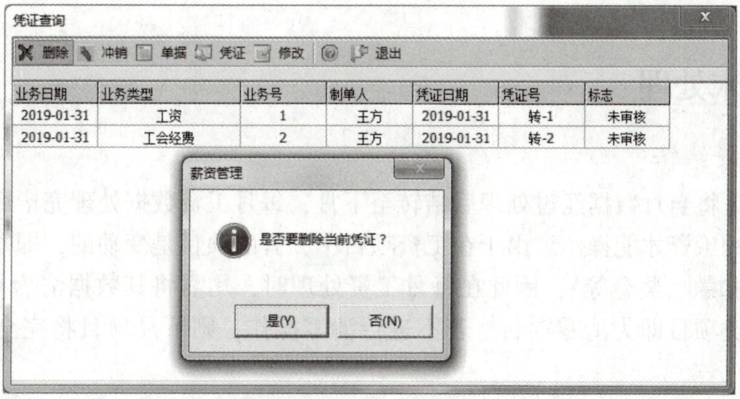

图6-44 凭证删除

161

②单击"是",该"工会经费"的凭证即从薪资管理子系统中删除。

③双击"财务会计—总账—凭证—填制凭证",可以看到在薪资管理子系统中已删除的凭证左上角已打"作废"标记,如图6-45所示。

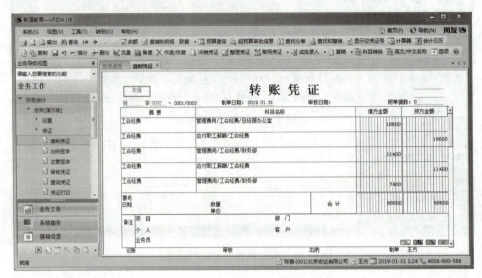

图6-45 作废凭证

④单击界面上方的"整理凭证",选择凭证期间为"2019.01",单击"确定",在"作废凭证表"中对该凭证进行选择,单击"确定",在"是否还需整理凭证断号"提示框中单击"是",凭证即可从总账系统中彻底删除。删除作废凭证的操作在项目四中已做介绍。

删除后的"工会经费"可以通过"薪资管理—业务处理—工资分摊"进行分摊计提的修改和重新制单,现将该凭证重新制单,步骤略。

任务四　薪资管理子系统的期末处理

一、月末处理

(一)月末结转

月末结转是将当月数据经过处理后结转至下月,每月工资数据处理完毕后均要进行月末结转,下个月的工资才能操作。由于在工资项目中,有的项目是变动的,即每月的数据均不相同(如请假扣款、奖金等),因此在每月工资处理时,均需将其数据清为0,而后输入当月的数据,此类项目即为清零项目。若不进行清零操作,则下月项目将完全继承当前月的数据。

【例6-10】薪资管理子系统本月业务已全部完成,现对该系统进行月末处理。将"奖金""请假扣款""请假天数"选择为清零项目。

操作步骤：

①双击"业务处理—月末处理"，弹出"月末处理"对话框。

②单击"确定"，弹出确认继续月末处理的提示框，单击"是"，即出现"是否选择清零项"对话框，再次单击"是"，进入"选择清零项目"对话框，将"奖金""请假扣款""请假天数"进行选取，如图 6-46 所示。

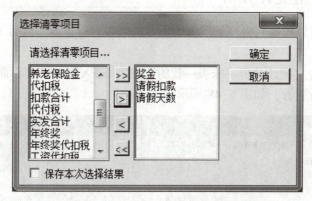

图 6-46 "选择清零项目"对话框

③单击"确定"，月末处理完毕。

☞ **注意**

进行月末处理后，当月数据将不允许变动。启用的总账子系统和薪资管理子系统月末结账也是有前后顺序的，若系统启用了除总账以外的其他子系统，必须先将其他子系统进行结账后，方能进行总账子系统的月末处理。因为数据的传递是有序的。例如，关于工资的所有凭证在薪资管理子系统生成后，会传递到总账子系统进行凭证的审核、记账等处理。凭证审核无误后薪资管理子系统即可进行月末结账处理，但总账子系统需要对所有外部凭证和本系统生成的凭证进行后续处理。因此，总账是最后结账的系统。

（二）反结账

若薪资管理子系统已结账，但总账还没结账，有一些业务或其他事项需要在已结账的月份进行账务处理，此时就需要使用反结账功能取消已结账标志。

操作步骤：

双击"业务处理—反结账"，进入"反结账"对话框，选择要反结账的工资类别。单击"确定"，系统会弹出如图 6-47 所示的对话框，单击"确定"，反结账完成。

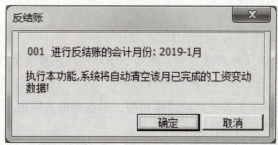

图 6-47 "反结账"对话框

☞ **注意**

该工作只有账套主管才有这个权限,当企业有多个工资类别时,需按工资类别逐一进行反结账。

二、工资数据统计分析

统计分析中,可以对薪资管理子系统中所有的报表进行管理,包括工资表和工资分析表两种报表类型。

操作步骤:双击"统计分析—账表—我的账表",进入账表管理界面,即可对所有工资表和工资分析表进行查看,如图6-48所示。

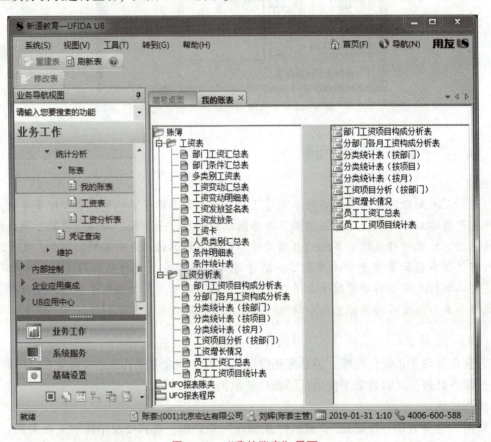

图6-48 "我的账表"界面

☞ **想一想**

同一工资账套中,为了适应不同企业或同一企业不同工资管理的需要,可以进行多个类别的核算,那么多个工资类别应该怎么处理呢?

多工资类别操作与单个工资类别的操作相似,但也有很大区别。下面利用【例6-1】中的账套信息进行多工资类别的操作演示。

【例6-9】山西晨景有限公司参照【例6-1】北京宏达有限公司的基础信息,进行多个工资类别的设置与操作：

1）账套信息。

账套号：002；单位名称：山西晨景有限公司；会计启用期：2019年7月1日；会计期间：7月1日至12月31日；其余建账信息和操作员及权限与北京宏达有限公司一致。启用总账、薪资管理子系统，启用日期均为2019年7月1日。

另外，在【例6-1】提供的基本信息基础上再增加下列信息：

·部门档案增加：保安部（编号4）。

·人员档案增加如表6-8所示。

表6-8 新增人员档案

编号	人员名称	性别	部门名称	人员类别	账号
203	刘青	男	销售部	经营人员	62220080001
401	江海	男	保安部	保安人员	62220080002

·增加会计科目：管理费用——工资——保安部（66020103）；管理费用——工会经费——保安部（66020203）。

2）业务控制参数设置。该工资套的工资类别个数为多个；核算币种为人民币；要求代扣个人所得税；不扣零设置；人员编码长度为3。

3）工资类别初始设置

该账套包括以下两个工资类别。

①正式人员，同【例6-1】中单个工资类别。

②临时人员，部门设置：销售部、保安部。人员档案：刘青、江海。工资项目：基本工资、绩效工资。

4）日常业务操作

①正式人员日常业务同【例6-1】中单个工资类别。

②临时人员7月的工资情况如表6-9所示。

表6-9 临时人员工资情况

姓名	基本工资	岗位工资
刘青	3 000	300
江海	3 000	300

临时人员的工资分摊如表6-10所示。

表6-10 临时人员工资分摊

部　门	工资		工会经费（2%）	
	借	贷	借	贷
销售部：经营人员	660 101	221 101	660 102	221 102
保安部：保安人员	66 020 103	221 101	66 020 203	221 102

5）月末处理。分别对两个工资类别进行月末结账。

> ☞ 提示
>
> 多个工资类别的本质就是 n 个单个工资类别的累加，因此，学会单个工资类别的操作后，多个工资类别就很容易了。下面主要从与单个工资类别的不同点出发，对多个工资类别进行讲解。

操作步骤：

（一）创建账套

由于山西晨景公司的基础信息与北京宏达公司几乎一致，因此，可以使用另一种创建账套方式进行建账，简化账套的初始设置：

以 admin 的身份登录系统管理，单击"账套—建立"，进入"建账方式"的选择，由于系统中已存"001 北京宏达有限公司"的账套，并且将要创建的账套与已存账套基础信息相似，则可通过"参照已有账套"的方法进行建账。已有账套的信息就会自动存储在新建账套中，不需要再重新设置，操作步骤，如图 6-49、图 6-50、图 6-51、图 6-52、图 6-53 所示。

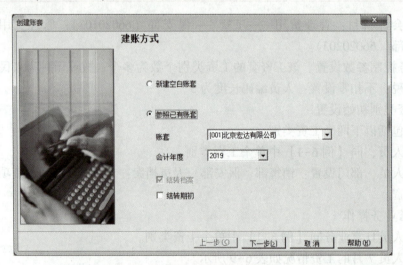

图 6-49　参照已有账套建账（1）

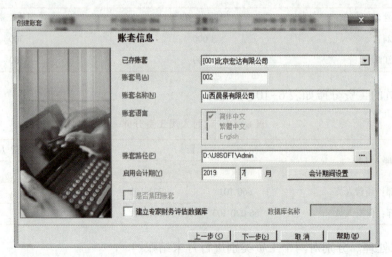

图 6-50　参照已有账套建账（2）

项目六 薪资管理子系统

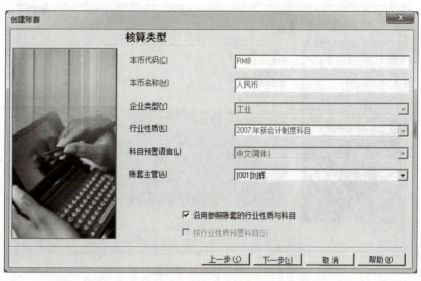

图 6-51 参照已有账套建账（3）

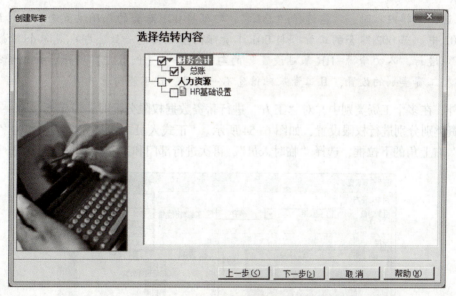

图 6-52 参照已有账套建账（4）

☞ 注意

  在选择结转内容时，若需参照账套的所有信息，包括工资套的信息全部复制在新账套中，在此应当选中"财务会计-总账"及"人力资源-HR 基础设置"复选框；若只需复制总账基础设置，对于工资账套不需结转，则只选中"总账"复选框即可。

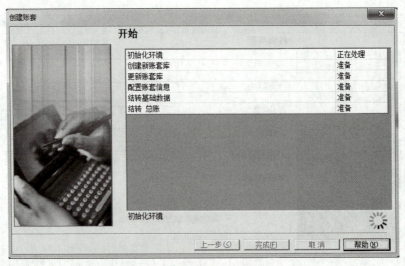

图6-53 参照已有账套建账（5）

> **☞ 提示**
>
> 在选择结转内容时，只需选择"总账"，即可将001账套的基础设置全部结转到新建账套002中。若002账套的工资套与001工资账的基础信息一致，即也是单个工资类别，在此可以进行"人力资源-HR基础设置"的勾选；若如【例6-2】所示，该工资套需要进行多个工资类别的设置，且工资基础信息不一致时，就不能勾选此项。

另外，在多个工资类别中，对"王方"进行薪资数据权限分配时，一定要注意一个问题：要按工资类别分别进行权限设置，如图6-54所示。"正式人员"设置完成后，单击"记录权限设置"右上角的下拉框，选择"临时人员"，再次进行部门和工资项目的权限分配。

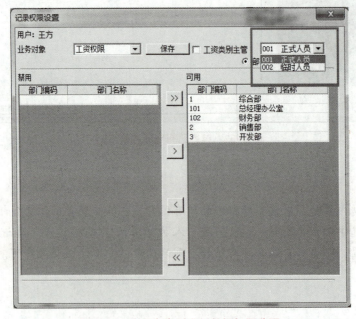

图6-54 分工资类别进行数据权限分配

（二）薪资账套的建立

关于薪资账套建立，与【例6-1】不同的是，在参数设置的本账套所要处理的工资类别个数中选择"多个"，其他内容操作同【例6-1】。

（三）薪资管理子系统基础设置

建好工资账套后，我们先来对比一下单个工资类别和多个工资类别功能界面的区别，如图6-55和图6-56所示。

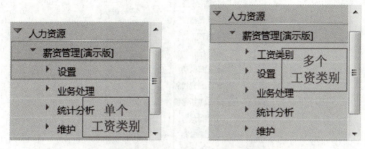

图6-55　单个工资类别与多个工资类别功能界面区别（1）

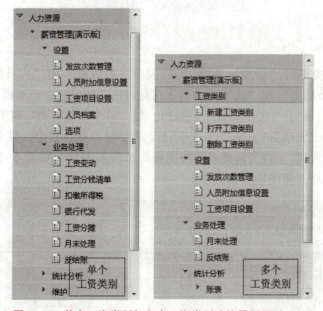

图6-56　单个工资类别与多个工资类别功能界面区别（2）

从图6-55和图6-56中可以看出，打开的功能菜单有很大的区别。在多个工资类别中，新增了"工资类别"功能操作，但对于"多个"工资类别的工资套设置和业务处理的功能相较于"单个"工资类别，从界面上看"变少"了。其实，其原因是有很多具体的设置及业务处理需要进入某个工资类别中进行操作。打开某个工资类别后的功能界面如图6-57所示。

169

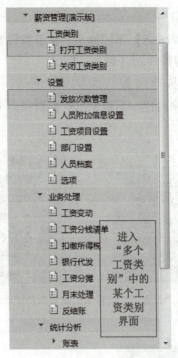

图 6-57 进入某个工资类别后的功能界面

1. 设置

关于多个工资类别的"设置"功能中,"发放次数管理"和"人员附加信息设置"在此不做叙述。"人员档案"和"选项"的设置在此时的功能导航中看不到,需要进入具体的工资类别进行操作。对于"工资设置"的操作,与"单个工资类别"有不同之处。

双击"设置—工资项目",从"工资项目设置"窗口可以看出,只有"工资项目"的设置,没有"公式设置"。按资料要求增加完成的"工资项目"如图 6-58 所示。"工资项目"的增加同"单个工资类别"的操作。

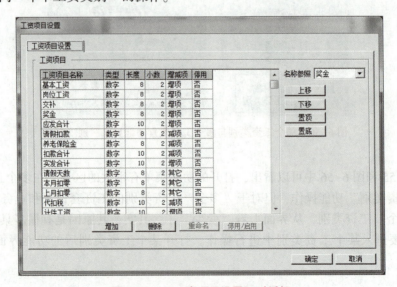

图 6-58 "工资项目设置"对话框

☞ **注意**

这里增加的所有工资项目,是为了给各个工资类别的工资项目提供参照范围,即薪资系统中的工资项目增加只能在此完成。等进入某个工资类别时,其工资项目只能从中选择。

2. 新建工资类别

选择"工资类别—新建工资类别",即可进入新建工资类别向导。

按照【例6-2】中(三)的资料任务,需要新建"正式人员"与"临时人员"两个工资类别。

操作步骤:

1)新建"正式人员"的工资类别。

①双击"薪资管理—工资类别—新建工资类别",在弹出的"新建工资类别"对话框中输入"正式人员",单击"下一步"。

②选择该工资类别所涉及的部门,单击"完成"。在弹出的启用日期对话框中选择"是",完成工资类别的新建。

2)"正式人员"工资项目设置。

新建"正式人员"工资类别后,系统自动进入该工资类别。双击"设置—工资项目设置",进入的"工资项目设置"界面如图6-59所示。其工资项目通过"名称参照"进行增加,公式设置的操作步骤同单个工资类别的操作。

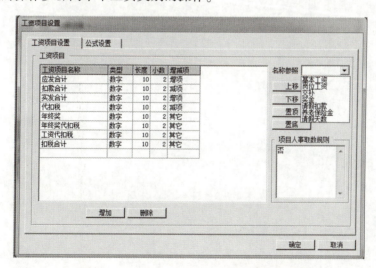

图6-59 "正式人员"工资项目设置界面

☞ **注意**

进入某个工资类别进行工资项目设置时,增加的工资项目只能从名称参照中进行选择添加。不能手工增加。如需另行增加工资项目,必须在关闭工资类别的状态下,在"设置—工资项目"中添加。

3）人员档案。在"正式人员"工资类别中的人员档案操作同单个工资类别。

单击"工资类别—关闭工资类别",即可关闭正在使用的工资类别及操作。

单击"工资类别—删除工资类别",进入工资类别窗口。若当前已打开一个工资类别,必须在关闭该工资类别后才可进行工资类别的删除。

(四) 各工资类别日常业务处理

在"正式人员"工资类别下的日常业务处理:工资变动、分摊设置及凭证生成的操作同单个工资类别操作,在此不再赘述。

设置完成后,双击"工资类别—关闭工资类别",关闭"正式人员"工资类别,选择"新建工资类别",进行"临时人员"的新增及日常业务的操作,方法同上。

(五) 各工资类别月末处理

多个工资类别的月末处理,需进入各个工资类别中,对每一个类别进行分别处理,操作方法同单个工资类别。另外,也可以在关闭工资类别的状态下,双击"月末处理",进行批量月末处理。

项目七

固定资产管理子系统

知识目标

- 了解固定资产管理子系统与其他子系统的关系。
- 理解固定资产管理子系统参数设置。
- 熟悉固定资产管理子系统的处理流程。

技能目标

- 掌握固定资产管理子系统有关业务的处理。
- 具备使用固定资产管理子系统进行初始设置、日常核算和管理的能力。

知识导图

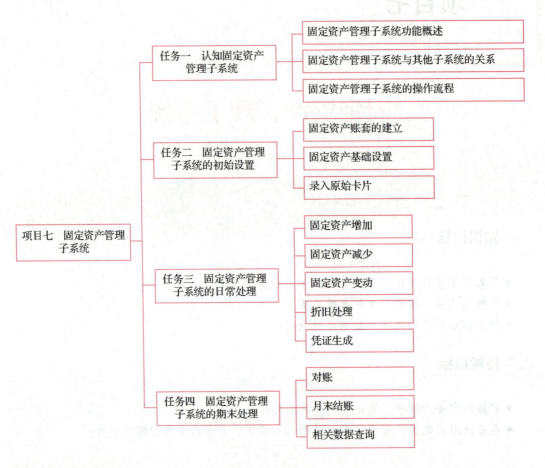

引思明理

运用新技术管好固定资产

随着现代经济的发展，对企业管理水平的要求越来越高，企业内部固定资产的数量更是逐年增加，固定资产具有价值高、流动性弱、管理难等特点。有些企业仍然采用手工方式在进行日常的固定资产管理，由于固定资产的数量巨大、地域分散，再加上管理制度相对粗放，造成了现实管理中存在许多问题，主要表现在以下几个方面：

1. 固定资产没有应录尽录，底数不清；
2. 管理职责不清，管理流程不规范；
3. 账实不符/账账不符；
4. 折旧/摊销不达标；

项目七　固定资产管理子系统

5. 部分行业对固定资产管理的需求无法满足。

对固定资产进行信息化管理可以有效解决这些问题。目前，一些大型企业固定资产管理系统已经利用了无线射频识别（RFID）技术，使用 RFID 标签，赋予每一个实物固定资产条码标签，从固定资产的入库到固定资产报废的整个生命周期，对固定资产进行全程跟踪管理，解决了固定资产管理中账实不符，资产不明，重复购置和资产流失的问题，为企业的固定资产管理工作提供全方位、可靠的动态数据和决策依据，实现固定资产管理工作的信息化、规范化与标准化管理。

RFID 固定固定资产管理系统的组成：

1. RFID 电子标签：固定固定资产的身份证，不可复制；
2. RFID 手持终端：用于固定固定资产盘点与查询等；
3. 出入口固定式识别系统：对固定固定资产出入库智能识别，可方便的对固定资产出库权进行监督与防盗；
4. 服务器：用于存储，查询和管理所有数据。

【启示】

对企业固定资产的管理必须从领导层就高度重视，只有信息化管理才能实现管理目标，对每一项资产数据实时了解，对自己的家底做到了如指掌，防止国有资产流失。

在当今日新月异迅猛发展的时代，新时代的会计人员应及时学习和运用新技术，勇于创新，能够实现固定资产的快速定位、盘点和登记录入，解决查找固定资产困难，固定资产管理作业流程智能化，标准化，能极大地提高员工的工作效率。

案例导入

接【例 6-2】，如果山西晨景有限公司在 2019 年 7 月启用总账和薪资管理子系统的，同时，又启用了固定资产管理子系统，那在固定资产管理子系统需要做哪些工作呢？它与总账子系统有什么联系呢？让我们来具体操作一下吧。

任务一　认知固定资产管理子系统

一、固定资产管理子系统功能概述

固定资产管理子系统是会计信息系统的一个重要组成部分，是利用计算机对企业的所有固定资产进行全面管理的信息系统。固定资产管理子系统可以帮助企业的财务部门为设备管理部门提供固定资产的各项指标。建立固定资产管理子系统的目的就在于改变手工固定资产管理数据存储和处理方式，提高数据处理的速度、精度及数据加工的深度，从而强化对固定资产的管理，确保成本核算的准确性。

固定资产管理子系统包括固定资产管理、折旧计算与分配、统计分析等功能。其中，固定资产管理包括原始设备管理、资产增减变动、资产评估、固定资产减值准备、折旧方法变更的处理等；可以按一定的折旧期间自动计算折旧，并生成折旧分配凭证，同时输出有关的报表和账簿。进行固定资产总值、累计折旧数据的动态管理，协助设备管理部门做好固定资产实体的各项指标的管理、分析工作。固定资产管理子系统功能结构如图7-1所示。

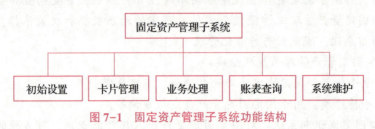

图7-1　固定资产管理子系统功能结构

1）系统的初始设置主要完成选项、部门对应折旧科目、资产类别、资产组、增减方式、使用状况及折旧方法的设置。

2）卡片管理主要完成卡片项目、卡片样式的设计；原始卡片录入、资产增减变动、资产评估及资产盘点的处理。

3）业务处理主要提供工作量的录入、计提本月折旧、查看折旧清单及折旧分配表、与总账系统对账、批量制单、查询凭证及月末结账等功能。

4）账表查询可多角度查询不同的账表，也可以自定义报表。

5）数据维护提供打印、输出及重新初始化账套功能。

二、固定资产管理子系统与其他子系统的关系

固定资产管理子系统与其他子系统的关系如图7-2所示。

图7-2　固定资产管理子系统与其他子系统的关系

固定资产管理子系统向总账子系统传递固定资产增减变动及折旧计提分配的凭证，同时也接受账务处理子系统的制约，如序时控制、辅助核算控制等。

车间固定资产的折旧数据最终要分配计入产品成本，该数据可以由固定资产管理子系统向成本管理子系统提供。

报表管理子系统可以通过定义公式直接从固定资产管理子系统中提取数据。

三、固定资产管理子系统的操作流程

固定资产的操作须按规定的顺序调用系统提供的各种功能，其操作步骤：建立账套—启

项目七　固定资产管理子系统

用固定资产管理子系统—给相关操作员授予固定资产管理权限—建立固定资产账套—系统初始设置—日常业务处理—月末处理。

任务二　固定资产管理子系统的初始设置

一、固定资产账套的建立

（一）固定资产管理子系统的启用

【例7-1】继续沿用项目六的【例6-1】账套，企业名称：山西晨景有限公司；账套号：002，启用固定资产管理子系统，启用时间仍为2019年7月1日，并授予操作员王力（002）固定资产的所有权限。

用友U8软件中包含很多子系统，在使用固定资产管理子系统前，需将该系统启用，否则无法进行固定资产管理子系统的相关操作。启用固定资产管理子系统。操作员权限的授予前面已经介绍，在此不再赘述。

（二）固定资产账套的建立

固定资产管理子系统首次运行时，必须先建立固定资产账套。建立固定资产账套时，系统会自动进入"固定资产初始化向导"窗口。结合本单位实际情况对账套参数的设置，主要包括约定及说明、启用月份、折旧信息、编码方式、账务接口和完成设置六个部分。

1）约定及说明。显示固定资产管理子系统的账套号、账套名称、本位币等基本信息，并且说明系统进行资产管理的基本原则。

2）启用月份。窗口可以查看到本系统固定资产开始使用的年份和会计期间。因为已经在系统启用功能中确定了启用月份，所以此处只能查看而不能修改。

3）折旧信息。折旧设置主要包含与折旧相关内容的设置。例如，选择本账套是否计提折旧，如果计提折旧，就需要设置主要的折旧方法、折旧汇总分配周期及固定资产使用到最后一个月时是否将剩余折旧全部提足等内容。

4）编码方式。编码方式包括固定资产类别编码和固定资产编码。固定资产类别编码可以参照国家的标准分类，也可以自己设置。固定资产的编码可以选择手工编码和自动编码两种方式。

5）账务接口。选择是否与账务处理子系统（总账系统）进行对账，并设置对账科目；确定对账不平的情况下是否允许固定资产管理子系统月末结账，以及生成凭证时固定资产、累计折旧的缺省入账科目。

为了确保固定资产子系统的原值总额、累计折旧总额等于总账系统固定资产和累计折旧一级科目的余额，应选择与账务处理子系统对账。对账不平的情况下原则上不允许结账。

6）完成设置。将上述内容设置完成后，即可打开"完成"窗口，显示设置过的信息。

☞提示

完成固定资产管理子系统初始化后，可以在固定资产管理子系统下的"设置—选项"进行修改。若修改不成功，就只能"重新初始化"。

【例 7-2】 为山西晨景有限公司建立固定资产账套，其业务控制参数如下：

按平均年限法（一）计提折旧；折旧分配周期为 1 个月；类别编码方式为 2112。固定资产的编码方式按"类别编码+部门编码+序号"自动编码；卡片序号长度为 3。已注销的卡片 5 年后删除；当（月初已计提月份＝可使用月份–1）时，要求将剩余折旧全部提足。固定资产对账科目：1601 固定资产；累计折旧对账科目：1602 累计折旧；在对账不平的情况下允许月末结账。

操作步骤：

①以"002 王方"的身份登录"企业应用平台"，双击"财务会计—固定资产"，系统弹出"这是第一次打开此账套，还未进行过初始化，是否进行初始化?"的提示框。

②单击"是"，"初始化账套向导"对话框进入"约定及说明"界面，勾选"我同意"前的复选框，单击"下一步"。

③进入"启用月份"界面，账套启用月份与"系统启用"中"固定资产"系统启用日期一致（2019.07），此处只能查看而不能修改。

④单击"下一步"进入"折旧信息"界面。勾选"本账套计提折旧"前的复选框，选择折旧方法为"平均年限法（一）"、折旧汇总分配周期为"1 个月"，并勾选"当（月初已计提月份＝可使用月份–1）时，要求将剩余折旧全部提足"前的复选框。

☞ **注意**
勾选"本账套计提折旧"前的复选框是非常重要的，如果在此处没有勾选此功能，则本固定资产账套的所有有关折旧的操作不能正常使用，并且此选择不能进行修改。

⑤单击"下一步"进入"编码方案"界面。"资产类别编码方式"为默认的 2112。固定资产的编码方式为自动编码，编码方式单击下拉框，选择"类别编码+部门编码+序号"，且序号长度为"3"。

☞ **提示**
系统提供了四种固定资产自动编码方式，按企业需要进行选择即可，如图 7-3 所示。

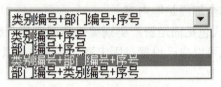

图 7-3 自动编码方式

⑥单击"下一步"进入"账务接口"界面，进行与账务系统对账科目的设置，在固定资产对账科目中选择"1601 固定资产"、在累计折旧对账科目中选择"1602 累计折旧"，并勾选"在对账不平情况下允许固定资产月末结账"。

⑦单击"下一步"进入"完成"界面，该固定资产账套的基本信息显示在此界面中，如图 7-4 所示。

项目七　固定资产管理子系统

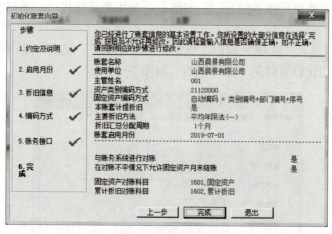

图7-4　完成界面

⑧单击"完成",完成固定资产初始化设置。

固定资产账套初始化后的界面如图7-5所示。

图7-5　固定资产账套初始化后的界面

☞ **注意**

初始化设置完成后,有些参数是不能修改的。例如,"本账套是否计提折旧"和"本账套开始使用时间",对此一定要慎重,确认无误后再保存设置。另外,大部分参数是可以修改的,可通过"设置—选项"进行。

二、固定资产基础设置

双击"固定资产—设置",进入固定资产系统基础设置功能界面,设置的有关内容包括选项、部门对应折旧科目、资产类别、资产组、增减方式、使用状况、折旧方法和条码信息设置等。

(一)选项

"选项"中包括在账套初始化中设置的参数和其他一些在账套中使用的参数或判断。可编辑或修改的内容主要包括基本信息、折旧信息、与账务系统接口、编码方式和其他。

1. 基本信息

选择"选项"，进入"选项"窗口，该窗口有五个页签，选择"基本信息"，本页签中所有内容在系统初始化设置后是不能修改的，如图7-6所示。

图7-6 "选项-基本信息"页签

2. 折旧信息

单击"折旧信息"页签，单击"编辑"即可编辑修改。"主要折旧方法"可随时修改，修改后缺省的内容随之变化，页面内容如图7-7所示。

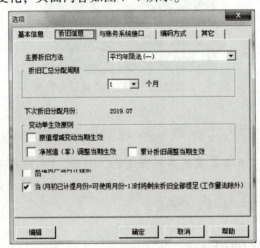

图7-7 "选项—折旧信息"页签

3. 与账务系统接口

该页签内容是对于总账系统进行数据对接的设置。

【例7-3】完成下列固定资产账套参数设置：业务发生后立即制单；月末结账前一定要完成制单登账业务；固定资产缺省入账科目：1601 固定资产；累计折旧缺省入账科目：1602 累计折旧；减值准备缺省入账科目：1603 固定资产减值准备；增值税进行税额缺省入

项目七　固定资产管理子系统

账科目：22210101 进项税额；固定资产清理缺省入账科目：1606 固定资产清理。

操作步骤：在"与账务系统接口"页签，单击"编辑"，进入编辑状态。按要求分别在各项进行科目录入或单击各空白栏后面的参照按钮进行科目选择即可，编辑好的内容如图7-8所示。

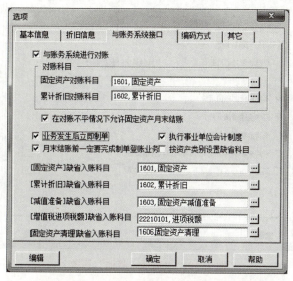

图 7-8　"选项—与账务系统接口"页签

4. 编码方式

在"编码方式"页签中，除了自动编码方式是灰色不可修改的以外，其他信息是可修改项目，如图7-9所示。

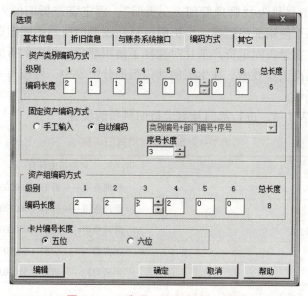

图 7-9　"选项—编码方式"页签

181

5. 其他

在"其他"页签中可进行的编辑或修改如图7-10所示。

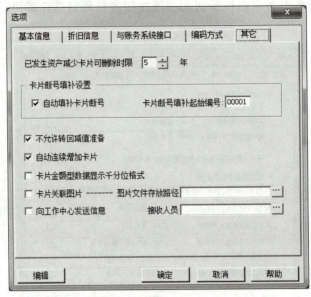

图7-10 "选项—其他"页签

(二)部门对应折旧科目

部门对应折旧科目是指账务处理过程中折旧费用的入账科目。固定资产计提折旧后,必须把折旧费用分配到相关的成本费用账户中,如车间对应折旧科目为"制造费用——折旧",办公室对应折旧科目为"管理费用——折旧"。固定资产折旧的入账科目和使用部门密切相关,需要给每个使用部门选择一个折旧科目,该部门所属的固定资产折旧费用将分配到一个固定的科目,在录入固定资产卡片时选择了使用部门,相应的折旧科目就会自动显示在卡片中,这样可提高工作效率。在生成的部门折旧分配表中,可按每一部门对应的折旧科目汇总,生成记账凭证。

【例7-4】根据表7-1,进行部门及对应折旧科目的设置。

表7-1 部门及对应折旧科目

部门	对应折旧科目
1 综合部	管理费用——折旧(660203)
101 总经理办公室	管理费用——折旧(660203)
102 财务部	管理费用——折旧(660203)
2 市场部	销售费用——折旧(660103)
3 开发部	制造费用——折旧(510103)

☞ 提示

需要先在"会计科目"中增加"管理费用——折旧""销售费用——折旧""制造费用——折旧"科目。

操作步骤:

①双击"设置—部门对应折旧科目",进入"部门对应折旧科目"界面,选择"综合部"对应的"折旧科目"所在空白格,单击"修改",如图7-11所示。

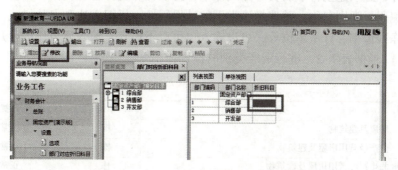

图7-11 "部门对应折旧科目"编辑界面

②进入"综合部"的"折旧科目"编辑界面,输入"660203"或者单击后面的参照按钮进行科目选择,单击"保存"。

由于"综合部"下还有两个下级部门,即"总经理办公室"和"财务部"。因此,会出现的提示框,如图7-12所示,单击"是",综合部下的所有二级部门也将生成相同的折旧科目。

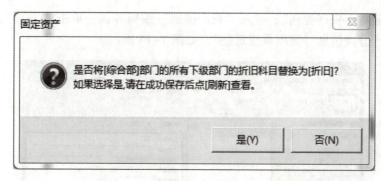

图7-12 下级部门折旧科目替换对话框

③其他两个部门的折旧科目设置方法同上,设置好的折旧科目如图7-13所示。

列表视图	单张视图	
部门编码	部门名称	折旧科目
	固定资产部门	
1	综合部	660203,折旧
2	销售部	660103,折旧
3	开发部	510103,折旧

图7-13 部门折旧科目设置完成

(三)资产类别

企业固定资产的种类很多,规格不一。因此,为了强化固定资产管理,及时准确地进行固定资产核算,必须建立科学的资产分类体系,为核算和统计管理提供依据。在设置时,必须输入类别编码、类别名称,并选择该类别的计提属性、折旧方法和卡片样式。其他内容如使用年限、净残值率、计量单位等,可以输入也可以不输入,输入后可作为卡片的默认值。

【例7-5】根据表7-2,进行资产类别的设置:

表7-2 资产类别一览表

编码	类别名称	单位	计提属性
01	房屋及建筑物	栋	正常计提
011	生产经营用房屋及建筑物	栋	正常计提
012	非生产经营用房屋及建筑物	栋	正常计提
02	交通运输设备	辆	正常计提
021	生产经营用交通运输设备	辆	正常计提
022	非生产经营用交通运输设备	辆	正常计提
03	电子设备及其他通信设备	台	正常计提
031	生产经营用电子及通信设备	台	正常计提
032	非生产经营用电子及通信设备	台	正常计提

操作步骤:

①双击"设置—资产类别",进入"资产类别"编辑界面,单击"增加",在界面右侧输入第一种资产分类信息"房屋及建筑物",如图7-14所示。

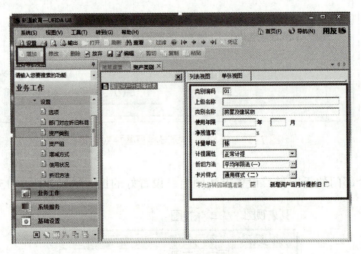

图7-14 资产类别增加

②单击"保存",自动进入第二种资产类别编辑界面,依次增加"交通运输设备"和"电子设备及其他通讯设备",单击"保存"。

③进行二级资产类别的设置。单击"01房屋及建筑物",再单击"增加",进入房屋及建筑物的下级资产类别设置界面,输入"生产经营用房屋及建筑物",单击"保存",自动进入第二个下级类别的编辑界面,如图7-15所示。

项目七　固定资产管理子系统

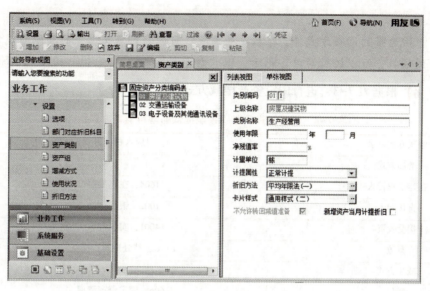

图 7-15　二级资产类别设置

设置完成的固定资产类别如图 7-16 所示。

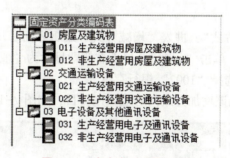

图 7-16　资产类别设置完成

（四）资产组

资产组是企业可以认定的最小资产组合，区分的依据是可以产生独立的现金流入。例如，我们可以把同一个生产线中的资产划分为一个资产组。资产组与固定资产类别不同，同一资产组中的资产可以分属不同的固定资产类别。在计提减值准备时，企业有时需要以资产组为单位进行计提。企业可根据自身管理要求确定合理的资产组分类方法。其操作方法同资产类别，此处不再赘述。

（五）增减方式

固定资产增减方式包括增加方式和减少方式两类。增加方式主要有直接购入、投资者投入、捐赠、盘盈、在建工程转入、融资租入等。减少的方式主要有出售、盘亏、投资转出、捐赠转出、报废、毁损、融资租出等。不同的增减方式涉及的固定资产计价方法不同，涉及的对应会计科目也不尽相同。为了在增减业务发生时，固定资产管理子系统能根据不同的增减方式，快速生成相应的记账凭证，可以按照不同的增减方式设置对应的入账科目，以方便操作，提高速度。

☞ **注意**

除了系统自带的增减方式外,根据企业需要,可以自行定义需要的其他增减方式,对系统已有的项目,可以进行修改、删除。但"盘盈""盘亏""毁损"是不能删除的。

【例7-6】根据表7-3,进行固定资产增减方式的设置。

表7-3 增减方式设置(系统提供的常用增减方式)

增减方式目录	对应入账科目
增加方式	
在建工程转入	1604,在建工程
直接购入	1002,银行存款
接受投资	4001,实收资本
盘盈	1901,待处理财产损益
减少方式	
销售	1606,固定资产清理
报废、毁损	1606,固定资产清理
盘亏	1901,待处理财产损益

操作步骤:

①双击"设置—增减方式",进入"增减方式"编辑界面。
②选择"直接购入",单击"修改",界面右侧即显示为"直接购入"的编辑界面。
③在对应入账科目中选择"1002"银行存款。
④单击"保存",完成该增加方式的对应入账科目,如图7-17所示。

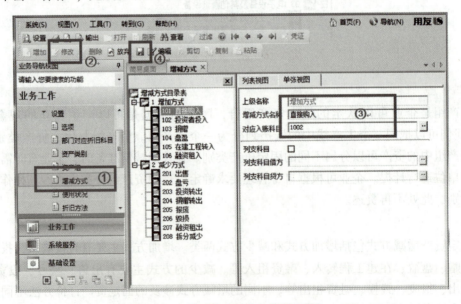

图7-17 增减方式对应入账科目录入

按要求录入完成的增减方式对应入账科目如图7-18所示。

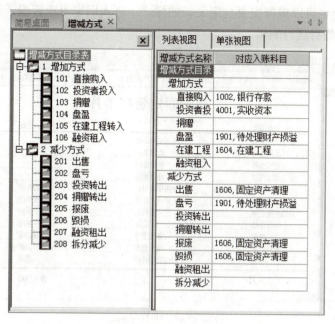

图 7-18 增减方式对应入账科目录入完成

（六）使用状况

明确资产的使用状况，按资产使用状况进行分类统计，有助于提高资产的利用效率。在固定资产管理子系统中，可以将固定资产使用状况分为使用中、未使用、不需用等。

（七）折旧方法

固定资产管理子系统中有不提折旧的选项，如果需要计提折旧，就需要选择折旧方法。系统提供了常用的几种折旧方法及相应公式，如平均年限法（一）、平均年限法（二）、工作量法、年数总和法、双倍余额递减法（一）、双倍余额递减法（二）。若不能满足要求可通过自定义功能定义新的折旧方法和计算公式。

（八）条码信息设置

进行资产的条码管理时，企业可根据自身情况对条码信息进行设置。

（九）卡片项目

固定资产卡片是固定资产管理子系统中最重要的管理工具，固定资产卡片文件也是最重要的数据文件。一般系统提供了预设的卡片项目，如原值、固定资产名称、使用年限（月）等卡片最基本的项目及一些其他重要的项目。这些预设卡片项目称为系统项目。如果这些预设的项目不能满足企业管理需要，可以在系统中自定义新的卡片项目。双击"卡片—卡片项目"进行编辑。

> ☞ 注意
> 系统项目是不能删除的，自定义的卡片项目是可以进行修改和删除的。

（十）卡片样式

固定资产管理子系统中也预设了通用卡片样式，如图 7-19 所示，一般都能满足企业日常管理要求。企业也可以根据需要自定义新的样式。进入固定资产管理子系统后，双击"卡片—卡片样式"，然后进行编辑。

图 7-19　卡片样式

三、录入原始卡片

原始卡片是指固定资产管理子系统启用以前企业就已经存在的固定资产，这些资产必须作为期初数据在原始卡片中进行录入，以确保历史资料的连续性及折旧计提的正确性。原始卡片的录入不限制必须在第一个期间结账前，任何时候都可以录入原始卡片。

【例 7-7】根据表 7-4，录入原始卡片信息。

表 7-4　原始卡片一览表

名称	类别	部门	增加方式	使用年限	开始使用	原值	累计折旧	对应折旧科目
奔驰轿车	022	总经理办公室	直接购入	10	2015-10-01	450 000	156 420	管理费用——折旧
丰田客车	021	销售部	直接购入	10	2015-12-01	250 000	82 950	销售费用——折旧
金杯货车	021	销售部、开发部	直接购入	10	2016-04-01	120 000	36 024	销售费用——折旧 制造费用——折旧
微软电脑	032	财务部	直接购入	5	2017-11-01	29 000	8 705.8	管理费用——折旧
传真机	032	财务部	直接购入	5	2018-02-01	3 500	884.8	管理费用——折旧
联想电脑	031	开发部	直接购入	5	2015-10-01	8 000	5 561.6	制造费用——折旧
联想电脑	031	开发部	直接购入	5	2017-05-01	6 500	2 567.5	制造费用——折旧

说明：
· 净残值率均为 5%，使用状况均为"在用"，折旧方法采用平均年限法（一），卡片项目与卡片样式采用软件的标准设定。
· 金杯货车是多部门使用，使用部门为销售部和开发部，使用比例为销售部 80%，开发部20%。

操作步骤：

①双击"固定资产—卡片—录入原始卡片"，系统弹出"固定资产类别档案"窗口，双击要使用的资产类别或单击界面上方的"确定"，如图7-20所示。

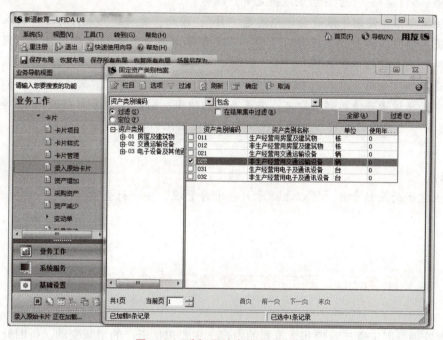

图7-20 选择原始卡片资产类别

②进入"固定资产卡片"编辑界面，按表格内容录入第一张卡片信息，如图7-21所示。

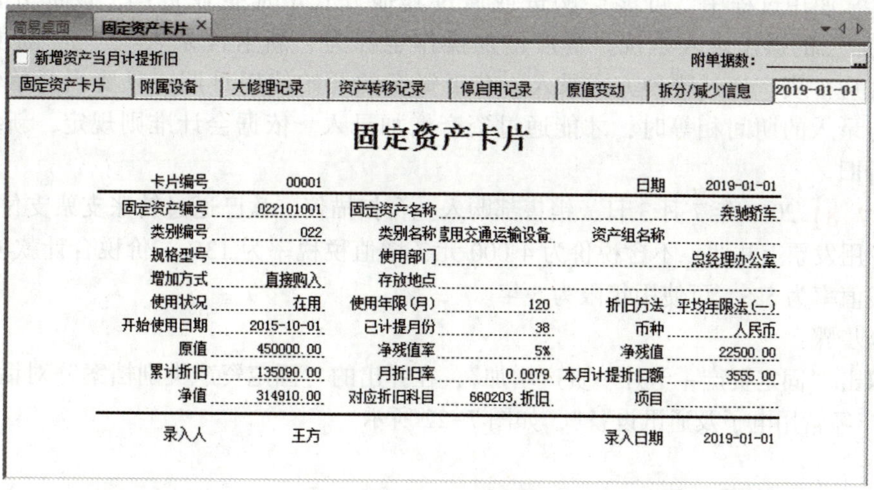

图7-21 原始卡片录入

②单击"保存",自动进入下一张原始卡片录入界面,按资料依次录入即可。

☞ 注意

- 固定资产编号:如果选择的是自动编号,则此处是不能手工录入的,系统自动按照类别编码+部门编码+序号自动生成固定资产编号。
- 使用年限:使用年限的会计期间是"月",因此,需要折算成月份进行输入。
- 使用部门:单击"使用部门"时,系统会弹出该资产是"单部门使用"还是"多部门使用"的对话框以供选择。

若是单部门使用,在此选择"单部门使用",单击"确定",在弹出的"部门参照"对话框中选择该资产使用部门即可;若是多部门使用,则选择"多部门使用",单击"确定",进入"使用部门"窗口,录入使用部门和使用比例。

☞ 提示

录入完成的原始卡片,可以在"卡片—卡片管理"中进行查看。

任务三 固定资产管理子系统的日常处理

日常处理是固定资产管理非常重要的内容,主要包括资产的增减变动、折旧处理及记账凭证的生成。

一、固定资产增加

在日常使用过程中,可能会购进或通过其他方式增加企业资产,该部分资产通过"资产增加"的操作录入系统。资产增加操作也称为"新卡片录入",与"原始卡片录入"相对应。资产通过哪种方式录入,在于资产的开始使用日期,只要当开始使用日期的期间与录入的期间相等时,才能通过资产增加录入。依据会计准则规定,新增资产当月不提折旧。

【例7-8】2019年7月3日,销售部购入一台扫描仪,款已通过转账支票支付,取得的增值税专用发票上注明:不含税价为4 000元,增值税税率为13%,价税合计款项为4 520元。净残值率为5%,可使用年限为5年。

操作步骤:

①双击"固定资产—卡片—资产增加",在弹出的"固定资产类别档案"对话框中选择"031生产经营用电子及通讯设备",如图7-22所示。

项目七 固定资产管理子系统

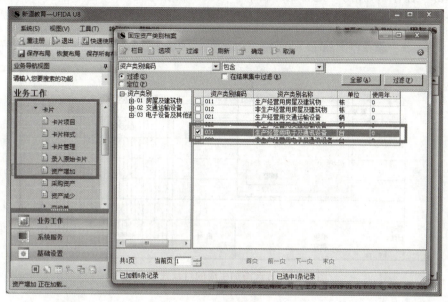

图 7-22 资产增加

②进入新增"固定资产卡片"的编辑界面,如图 7-23 所示,具体录入操作与上述原始卡片录入方法一致。

☞ **注意**

与原始卡片录入的区别在于,该资产的"开始使用日期"为卡片录入日期。

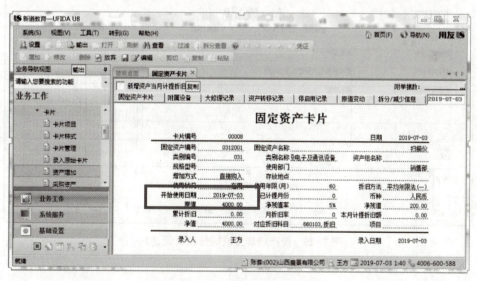

图 7-23 新增固定资产卡片录入

191

③单击"保存",弹出"是否立即制单"的对话框,单击"确认",凭证自动生成,生成该业务的记账凭证如图7-24所示。

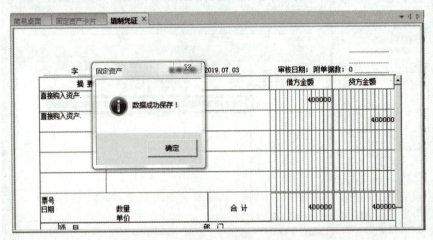

图7-24 资产增加生成的付款凭证(1)

☞ **注意**

选择凭证类别为"付",系统自动生成的凭证只有"固定资产"原值和"银行存款"的科目及金额,需要手工增加"应交税费——应交增值税——进项税额"的科目。修改后再"保存",修改后的凭证如图7-25所示。

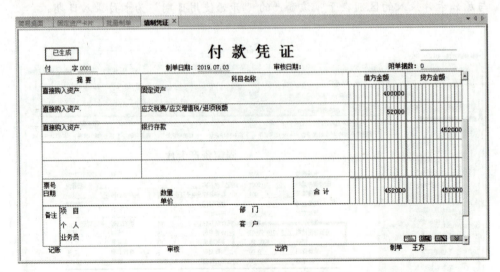

图7-25 资产增加生成的付款凭证(2)

> **提示**
>
> 系统能在卡片录入后立即制单，是因为在"设置—选项"中单击"业务发生后立即制单"。若此按钮没有勾选，则在增加资产卡片后不能直接出现制单界面，需要从"处理-批量制单"中进行凭证的生成，此操作后面将会进行介绍。

二、固定资产减少

资产在使用过程中，总会由于各种原因，如毁损、出售、盘亏等退出企业。该部分操作称为"资产减少"，本系统可以进行单个固定资产减少，也可以进行批量减少的操作。

【例7-9】2019年7月20日，00006号卡片登记的联想电脑被毁损，清理过程中未发生其他费用。

操作步骤：

①双击"固定资产—卡片—资产减少"，系统会弹出"本账套需要进行计提折旧后，才能减少资产！"的对话框，如图7-26所示。

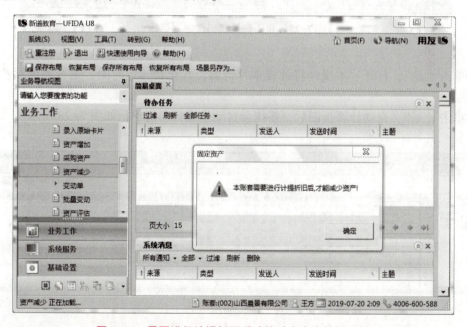

图7-26 需要进行计提折旧后才能减少资产的提示框

> **注意**
>
> 根据会计准则规定，固定资产减少当月需要正常计提折旧，所以在进行固定资产减少处理前，要先计提折旧。

②单击"确定"，先进行折旧的计提。双击"固定资产—处理—计提本月折旧"，打开"是否要查看折旧清单？"对话框，如图7-27所示。

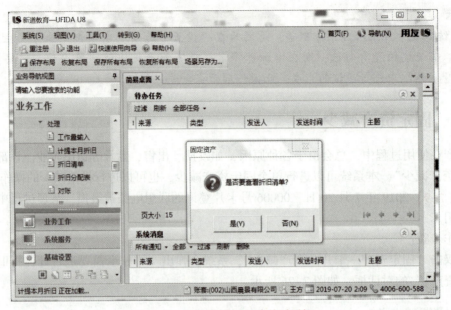

图 7-27 是否查看折旧清单对话框

③单击"是",打开"本操作将计提本月折旧,并花费一定时间,是否要继续?"的对话框。

④单击"是",自动计算折旧后,系统会自动生成折旧清单,如图 7-28 所示。

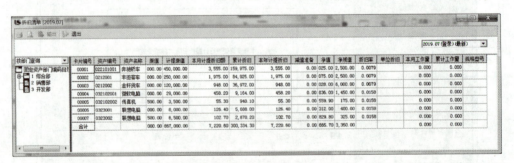

图 7-28 折旧清单

⑤单击"退出",计提折旧完成。

⑥再次双击"固定资产—卡片—资产减少",在弹出的"资产减少"窗口中,单击"卡片编号"后面的按钮,打开"固定资产卡片档案"对话框,选择"00006 联想电脑",如图 7-29、图 7-30 所示。

项目七 固定资产管理子系统

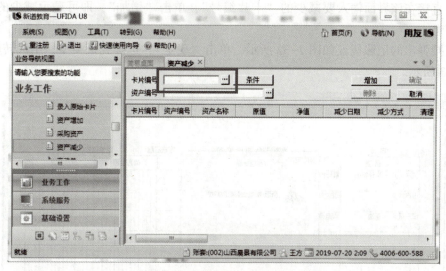

图 7-29 筛选资产减少卡片

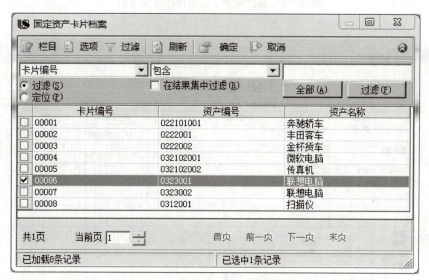

图 7-30 固定资产卡片档案界面

⑦单击"增加",该资产的信息自动显示在"资产减少"界面中,再手工输入减少方式为"毁损",单击"确定"即可,如图 7-31 所示。

图 7-31 资产减少界面

195

也可直接在该界面输入要减少的"卡片编号",单击"增加",即可显示减少的固定资产卡片信息。

⑧直接弹出的记账凭证如图7-32所示,单击"确定",选择凭证类型,生成转账凭证,如图7-33所示。

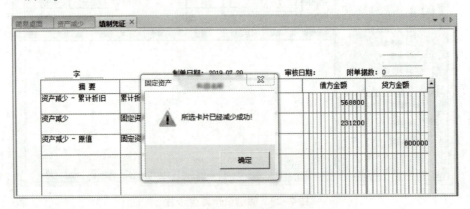

图7-32 资产减少生成的记账凭证(1)

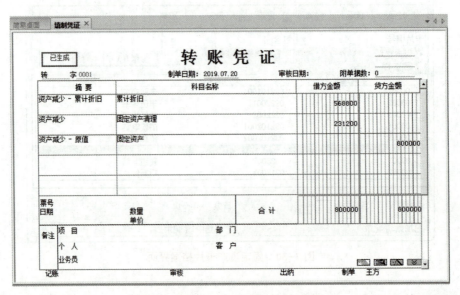

图7-33 资产减少生成的记账凭证(2)

三、固定资产变动

资产变动包括原值增加、原值减少、部门转移、使用状况调整、使用年限调整、折旧方法调整、净残值(率)调整、工作总量调整、累计折旧调整等内容,如图7-34所示。在固定资产系统中,对已做出变动的资产,要求录入相应的变动单来记录资产调整的结果。

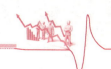

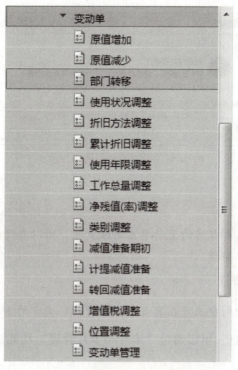

图 7-34　资产变动包括的内容

【例 7-10】2019 年 1 月 23 日，由于工作需要，从财务部调拨一台传真机到销售部。

操作步骤：

①双击“固定资产—卡片—变动单—部门转移”，弹出“固定资产变动单”界面，选择要变动的固定资产信息，再录入“变动后部门”及“变动原因”，如图 7-35 所示。

固定资产变动单

– 部门转移 –

变动单编号	00001			变动日期	2019-07-23
卡片编号	00005	资产编号	032102002	开始使用日期	2018-02-01
资产名称			传真机	规格型号	
变动前部门	财务部	变动后部门	销售部		
存放地点		新存放地点			
变动原因	工作需要				
				经手人	王方

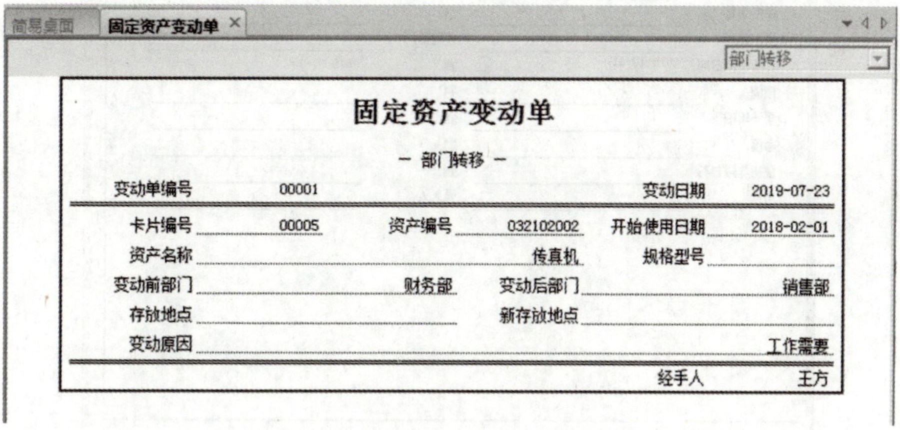

图 7-35　固定资产变动单

②单击“保存”，系统弹出“数据保存成功”提示框，如图 7-36 所示，单击“确定”即可。

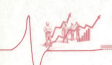

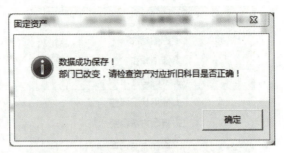

图 7-36　资产变动数据保存成功

☞ **注意**

变动单不能修改，只有当月的变动单可删除重做，所以要仔细检查后再保存。当月录入的新增卡片不能执行本操作。

☞ **想一想**

怎么能一目了然地看到企业现在有多少可用资产？减少的卡片可以在系统中查看吗？

系统中所有的卡片信息，可以通过"卡片—卡片管理"功能进行查看。

操作步骤：

①双击"卡片—卡片管理"，弹出"查询条件选择"对话框，输入要查询卡片的起始日期，如图 7-37 所示，要查看从"2015-10-01"到"2019-07-23"的所有固定资产，单击"确定"。

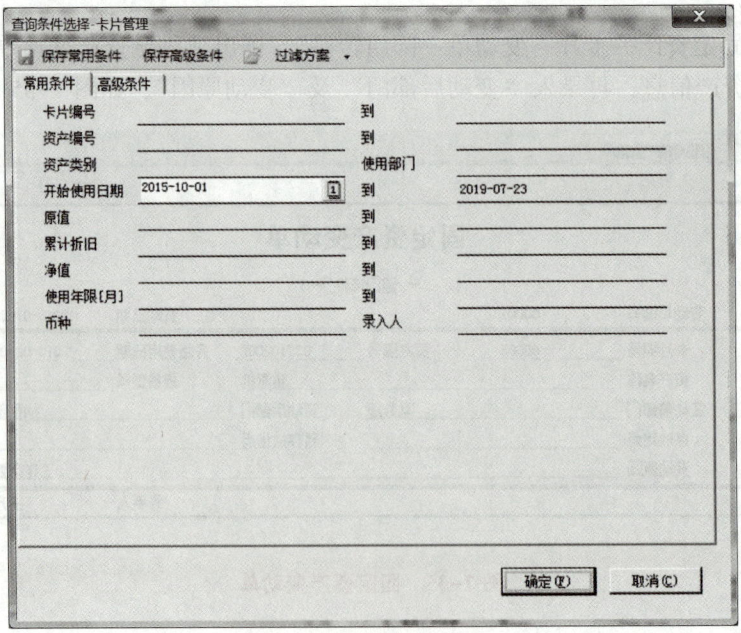

图 7-37　查询条件选择

②进入卡片管理界面，在此界面中可以看到所有符合日期条件的在役资产（正在使用的固定资产），如图 7-38 所示。

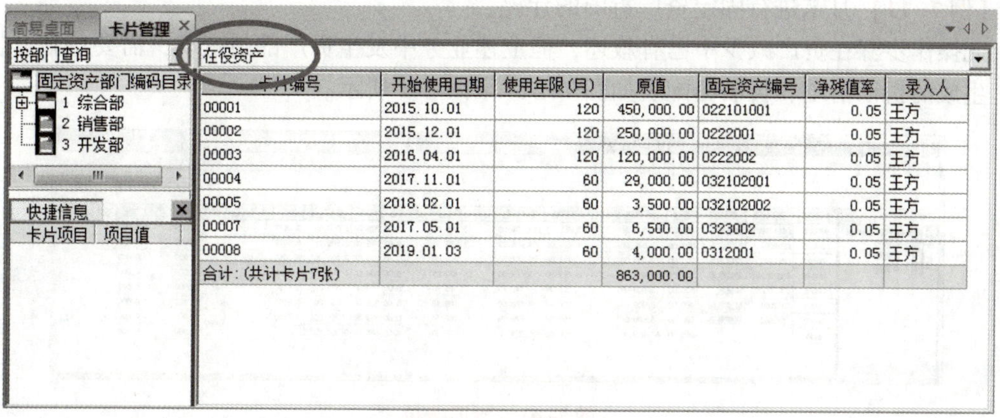

卡片编号	开始使用日期	使用年限(月)	原值	固定资产编号	净残值率	录入人
00001	2015.10.01	120	450,000.00	022101001	0.05	王方
00002	2015.12.01	120	250,000.00	0222001	0.05	王方
00003	2016.04.01	120	120,000.00	0222002	0.05	王方
00004	2017.11.01	60	29,000.00	032102001	0.05	王方
00005	2018.02.01	60	3,500.00	032102002	0.05	王方
00007	2017.05.01	60	6,500.00	0323002	0.05	王方
00008	2019.01.03	60	4,000.00	0312001	0.05	王方
合计:(共计卡片7张)			863,000.00			

图 7-38　在役资产

③单击“在役资产”右侧的下拉框，可进行“已减少资产”“已拆分资产”的选择，如图 7-39 所示，选择查看“已减少资产”。

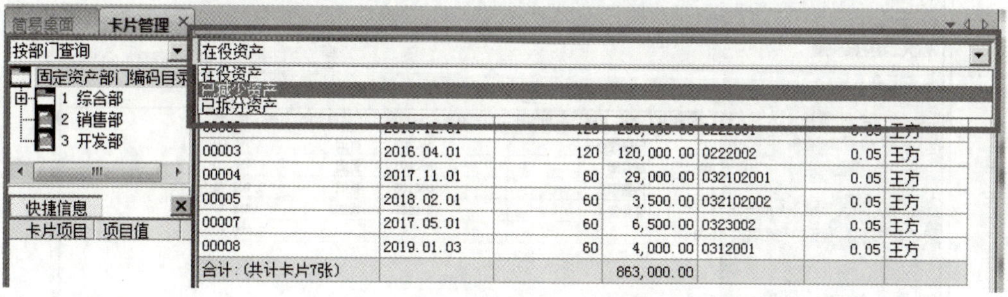

00003	2016.04.01	120	120,000.00	0222002	0.05	王方
00004	2017.11.01	60	29,000.00	032102001	0.05	王方
00005	2018.02.01	60	3,500.00	032102002	0.05	王方
00007	2017.05.01	60	6,500.00	0323002	0.05	王方
00008	2019.01.03	60	4,000.00	0312001	0.05	王方
合计:(共计卡片7张)			863,000.00			

图 7-39　资产性质查询转换

④“已减少资产”即可显示在此界面中，如图 7-40 所示。

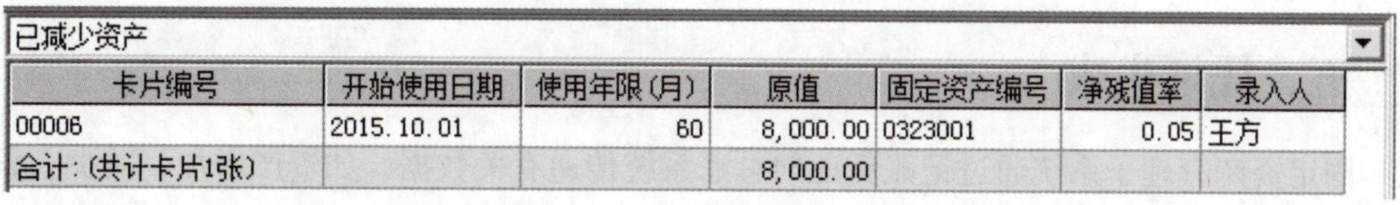

卡片编号	开始使用日期	使用年限(月)	原值	固定资产编号	净残值率	录入人
00006	2015.10.01	60	8,000.00	0323001	0.05	王方
合计:(共计卡片1张)			8,000.00			

图 7-40　已减少资产

四、折旧处理

系统根据录入的固定资产卡片资料，每期计提折旧，自动计算每项资产的折旧额，并生成折旧分配表及折旧清单，从而完成本期折旧费用的计提处理工作。

固定资产管理子系统在一个期间内可以多次计提折旧，每次计提折旧后，只是将计提的折旧额累加到月初的累计折旧上,不会重复累计。但是,若上次计提折旧已制单并已传递到总账系统,则必须删除该凭证才能重新计提折旧。

【例 7-11】 月末进行固定资产折旧的计提。

此操作步骤在资产减少中已有叙述,但上述业务中发生资产部门变动,需要重新计提折旧。生成的折旧清单和折旧分配表如图 7-41、图 7-42 所示。

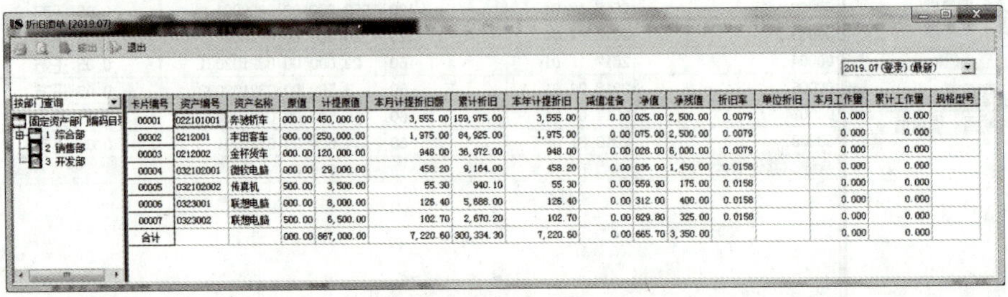

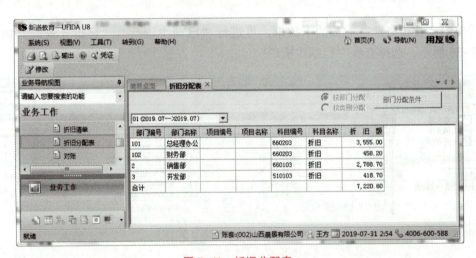

图 7-41 折旧清单

图 7-42 折旧分配表

五、凭证生成

固定资产管理子系统通过记账凭证向总账系统传递有关数据,如资产增加、减少、累计折旧调整及折旧分配等记账凭证。

固定资产管理子系统填制凭证有两种途径:①在业务发生后立即制单;②在期末批量制单。其中,业务发生后立即制单受账套参数即"设置—选项"的影响。若选择立即制单,则发生资产增加、减少、计提折旧等业务后,系统会自动生成记账凭证,保存后传递至总账子系统。

批量制单功能可以同时将一批需要制单的业务连续制作凭证并传递到总账系统。凡是业务发生时没有制单的,该业务自动排列到批量制单表中,表中列示应制单而没有制单的业务的发生日期、类型、原始单据编号、缺省的借贷科目和金额及制单选择标志。补充相关内容

项目七 固定资产管理子系统

之后,单击"制单",即可生成凭证。

【例7-12】将上述计提折旧没有即时生成的折旧凭证进行制单操作。

操作步骤:

①双击"处理—批量制单",在弹出的"查询条件选择—批量制单"界面单击"确定"。

②进入"批量制单"界面,在"制单选择"页签中双击未制单的计提折旧所在列的"选择"空白格,即可显示"Y"的标志,如图7-43所示。

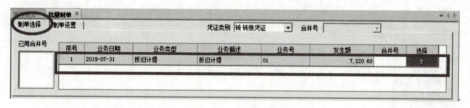

图7-43 制单选择

③单击"批量制单"的"制单设置"页签,在此界面显示计提折旧的凭证内容,如图7-44所示。

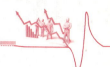

图7-44 制单设置

④单击界面上方的"凭证",即可生成相应的折旧凭证,如图7-45所示。

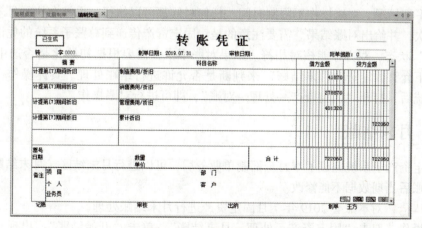

图7-45 生成折旧凭证

本月固定资产管理子系统中生成的所有凭证，可以在"固定资产—处理—凭证查询"中进行查看、删除、冲销等操作，也可实现凭证的联查，如图7-46所示。同时，在此系统生成的凭证全部传递到总账子系统，进行凭证的查询、审核、记账等功能。具体操作方法同薪资管理子系统，此处不再赘述。

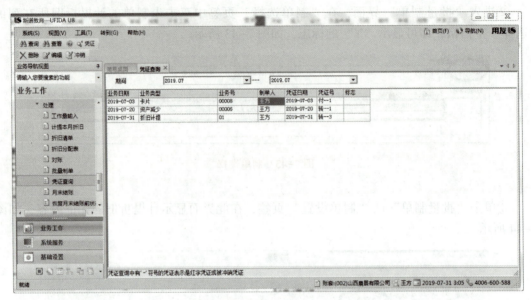

图7-46 凭证查询

任务四 固定资产管理子系统的期末处理

一、对账

如果在初始设置时选择了"与账务系统对账"功能，我们就可以随时审查两个系统的资产价值平衡情况。对账操作不限制时间，任何时候都可以执行。系统在执行月末结账时自动对账一次，并给出对账结果。需要注意的是，固定资产传递到总账子系统的凭证，必须处于"记账"状态，双方才能核对相符。如果对账不平，需要根据初始化是否选中"在对账不平情况下允许固定资产月末结账"来判断是否允许进行结账处理。具体操作：进入固定资产子系统后，打开"固定资产—处理—对账"，即可进行对账操作。

二、月末结账

在固定资产子系统完成了本月全部制单业务后，可以进行月末结账。月末结账每月进行一次，结账后当期数据不能修改。

【例7-13】对本账套2019年7月固定资产进行月末结账处理。

具体操作：双击"固定资产—处理—月末结账"，单击"开始结账"，出现"月末结账成功完成"对话框,单击"确定",系统显示最新可修改日期为"2019-08-01",如图7-47、图7-48所示。

图 7-47 月末结账功能操作

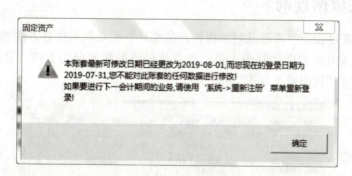

图 7-48 账套最新可修改日期提示框

☞ **提示**

如果结账后,发现有未处理的业务或者需要修改的事项,可以通过系统提供的"恢复月末结账前状态"功能进行反结账。

操作步骤:选择"处理—恢复月末结账前状态",在出现的如图7-49对话框中单击"是",系统恢复到结账前状态。

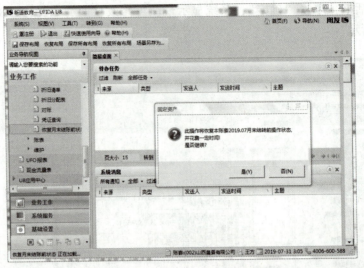

图 7-49　恢复月末结账前状态功能选择

> **注意**
> 若固定资产管理子系统与其他子系统集成使用，结账时需要遵循一定的顺序。要在总账系统结账之前先行结账；取消结账也受到总账系统是否结账的制约，需要在总账系统取消结账之后固定资产系统才可以进行反结账操作。

三、相关数据查询

固定资产管理过程中，需要及时掌握资产的统计、汇总和其他各方面的信息，并以账表的形式提供给财务人员和资产管理人员。本系统提供的账表分为五类：分析表、减值准备表、统计表、账簿和折旧表，如图 7-50 所示。

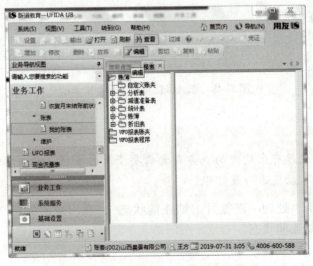

图 7-50　"固定资产—我的账表"界面

附录一

常见操作问题答疑

序号	答疑视频内容	视频二维码
1	如何恢复记账前状态？	
2	填制凭证日期不能滞后系统日期	
3	如何删除凭证？	
4	出纳为什么不能进行签字？	
5	如何指定会计科目？	
6	总账模块为什么结不了账？	
7	如何取消总账结账？	
8	子系统启用不成功？	
9	为什么期间损益不能结转？	
10	已记账的错误凭证如何修改--无痕迹修改	
11	已记账的错误凭证如何修改--冲销凭证	
12	如何自定义转账公式？	
13	出纳对账为什么会对不上？	
14	出纳对完账银行对账单为什么会不平？	
15	审核凭证应该注意什么？	
16	期初余额往来科目明细账如何录入？	
17	会计科目设置错误导致录入双倍余额问题	
18	填制凭证出现不满足借贷条件的情况？	
19	填制凭证出现不能使用应收受控科目？	
20	发生日期不能大于制单日期	

附录二

理论思考

《会计电算化》"练一练"理论题、案例题及答案

项目一 会计电算化概论

一、理论题

(一) 单项选择题

1. "会计电算化"一词是1981年在长春市召开的"财务、会计、成本应用电子计算机问题讨论会"上由（　　）提出来的
   A. 余绪缨　　　B. 王景新　　　C. 杨周南　　　D. 杨纪琬

2. （　　）是由专业会计软件公司根据一般企业财务会计工作的需要而开发，经过有关部门评审后，用于在市场上销售的通用会计软件。
   A. 通用会计软件　　　B. 专用会计软件
   C. 商品化会计软件　　　D. 电算化会计软件

3. 会计软件属于（　　）。
   A. 系统软件　　　B. 应用软件　　　C. 数据库系统　　　D. 工具软件

(二) 判断题

1. 通用会计软件通用性较强，不需要在会计部门作任何调整。（　　）
2. 自行编制的会计软件，程序编制人员可以进行凭证录入工作。（　　）
3. 会计软件对计算机软硬件环境无特殊要求。（　　）
4. 会计软件设计时，应有充分的审计线索，使审计人员能跟踪审计线索完成审计任务。（　　）
5. 保障会计软件及计算机硬件的正常运行是系统维护人员的职责。（　　）
6. 目前我国财务软件开发中存在的基本问题为软件的功能不全，开发工具基本上还是采用西方发达国家的软件。（　　）

(三) 简答题

1. 如何理解会计电算化的意义？

2. 试绘制用友 U8 管理软件的总体结构。

二、理论题答案

（一）单项选择题

1. B 2. C 3. B

（二）判断题

1. × 2. × 3. × 4. √ 5. √ 6. √

（三）简答题

（略）

项目二 系统管理

一、理论题

（一）单项选择题

1. 用友软件系统一共可建立（　　）个账套。
A．9　　　　　　　B．99　　　　　　　C．999　　　　　　　D．9999
2. 操作员初始密码由（　　）指定：
A．账套主管　　　B．操作员本人　　　C．系统管理员　　　D．企业老总
3. 建立账套完成之后，（　　）的信息可以修改。
A．账套号　　　　B．账套名称　　　　C．启用会计期　　　D．账套主管

（二）判断题

1. 输出账套功能是指将所选的账套数据做一个备份。既可以在硬盘上备份，也可以在软盘上备份。（　　）
2. 清空年度数据是指将年度账的数据全部删除，一切重新建立。（　　）
3. 软件越通用，企业初始化工作量越小。（　　）
4. 在建立账套时，新建的账套号不能与已有的账套号重复。（　　）

（三）简答题

1. 系统管理模块具备哪些功能？
2. 什么是操作员管理？怎样增加操作员，如何分配权限？
3. 如何建立账套？
4. 账套管理主要包括哪些内容？

二、理论题答案

（一）单选题

1. C 2. C 3. B

（二）判断题

1. √ 2. × 3. × 4. √

（三）简答题

（略）

项目三 基础档案设置

一、理论题

（一）单项选择题

1. 关于删除会计科目，下边哪一个描述是不正确的（   ）。
   A. 会计科目建立后，不能删除
   B. 科目输入余额后，可通过将余额置零后删除
   C. 科目的删除应自下而上进行
   D. 已有发生额的科目不能删除
2. 若希望某类凭证的借方必须出现某一科目，可选择（   ）凭证限制类型：
   A. 贷方必有　　　B. 借方必无　　　C. 借方必有　　　D. 贷方必无
3. 会计科目建立的顺序是（   ）。
   A. 先建立下级科目，再建立上级科目
   B. 先建立明细科目，再建立一级科目
   C. 先建立上级科目再建立下级科目
   D. 不分先后

（二）判断题

1. 科目代码可以不唯一。 （   ）
2. 客户档案先建立好以后，才可以进行客户分类。 （   ）
3. 辅助核算管理必须依附于会计科目的建立。 （   ）

（三）简答题

1. 一个企业在建立会计科目如何设置？是自上而下？还是自下而上？
2. 企业如果进行部门管理，如何进行分部门核算？在基础设置中如何建立相应档案？
3. 如何建立会计科目，它与手工方式下的账户设置有什么不同？
4. 怎样设置凭证类别？

二、理论题答案

（一）单选题

1. A　2. C　3. C

（二）判断题

1. ×　2. ×　3. √

（三）简答题

（略）

项目四 总账子系统

一、理论题

（一）单项选择题

1. 机制凭证是指（   ）。
   A. 计算机打印的凭证　　　　　　　　B. 收入计算机的凭证

C. 计算机自动生成的凭证　　　　　D. 规范的记账凭证

2. 在总账系统中录入凭证时，要改变金额的借贷方向，应按（　）键。
A. =　　　　　B. 空格　　　　　C. -　　　　　D. 回车

3. 要根据凭证借贷方的差额自动计算本笔分录的发生金额，应按（　）。
A. =　　　　　B. F5　　　　　C. 空格　　　　　D. 回车

4. 总账系统中，上月未结账，本月不能（　）？
A. 制单　　　　　B. 结账　　　　　C. 复核　　　　　D. 记账

5. 期末结转工作是一项比较复杂的过程，应由（　）进行：
A. 指定的专人　　B. 出纳　　　　　C. 会计　　　　　D. 计算机维护员

6. 计算机方式下，一张凭证中可填写的行数（　）：
A. 最多为十行　　B. 最多为五行　　C. 有限制　　　　D. 无限制

7. 可以将企业中经常使用的摘要，定义为（　）：
A. 自用项　　　　B. 自定义项　　　C. 常用摘要　　　D. 常用凭证

8. （　）是按条件对记账凭证进行汇总并生成一张科目汇总表：
A. 凭证筛选　　　B. 凭证汇总　　　C. 凭证分类　　　D. 凭证合并

9. （　）是对账簿内数据进行核对，以检查记账是否正确以及账簿是否平衡：
A. 对账　　　　　B. 结账　　　　　C. 记账　　　　　D. 计算平衡

10. （　）是指制单时，凭证编号必须按日期顺序排列：
A. 制单权限控制　B. 资金赤字控制　C. 制单序时控制　D. 凭证控制

（二）多项选择题

1. 属于账务系统任务的是（　）。
A. 制单和审核凭证
B. 记账
C. 成本计算和编制报表
D. 输出各种日记账、明细账和总账、辅助账

2. 下列哪些情况可以实现凭证的无痕迹修改（　）。
A. 审核并经过记账的凭证
B. 凭证输入后，未审核或审核未通过的凭证
C. 审核但未记账的凭证
D. 经过结账后的凭证

3. 凭证中不同行输入的摘要（　）：
A. 可以不同　　　B. 可以相同　　　C. 可以为空　　　D. 不能为空

4. 系统记账一般都遵循这样一个过程（　）：
A. 正式记账　　　B. 选择记账凭证　C. 数据保护　　　D. 自动检验记账凭证

5. 辅助核算包括（　）：
A. 明细账核算　　B. 部门核算　　　C. 往来核算　　　D. 项目核算

（三）判断题

1. 所有的科目都应该录入余额。　　　　　　　　　　　　　　　　　　（　）
2. 凭证经审核签字后，只有取消审核才能修改和删除。　　　　　　　　（　）

3. 一张凭证中可填写的行数是没有限制的，可以是简单分录，也可以是复合分录，但每一张凭证应该只记录一笔经济业务。 （ ）

4. 银行对账是会计主管的基本工作。 （ ）

5. 系统对个人往来账的清理是通过核销的方式进行的，通常使用自动核销的方式。 （ ）

6. 账务系统期末业务处理中的期末摊、提、结转业务没有一定的处理顺序，企业可以随意进行结转。 （ ）

7. 在实现了计算机进行账务处理后，可用余额表替代总账。 （ ）

8. 在用友 U8 软件中，只能设置"收款、付款、转账"一种凭证分类方式。 （ ）

9. 手工输入的记账凭证需要审核，机制凭证不需要审核。 （ ）

（四）简答题

1. 简述总账系统功能。
2. 期末结账时应注意的问题有哪些？
3. 总账系统初始化包括哪些内容？
4. 什么是辅助核算？在总账系统中辅助核算有哪些内容？
5. 录入期初余额时应注意哪些问题？
6. 怎样进行对账、结账？

（五）案例题

某研究院是一个较大的综合性科研单位之一，拥有 45 个部门，部门的费用开支项目多达 50 项，需要分部门核算和管理各项费用。在传统核算方式下，科目设置方法：一级科目为"管理费用"；二级科目为费用项目（工资、办公费、差旅费等 50 项）；三级科目为部门名称（一部门、二部门、三部门等 45 个部门）；而三级科目的重复率最高。如果将这种科目设置方式照搬到计算机上，就会发生部门越多，科目越庞大的现象，该单位仅二级科目下属的明细科目记录会达到 2000 个。这样在计算机上填制有关管理费用的凭证时速度就非常慢，同时，也不利于各明细费用的横向统计。

为了更好地核算每项费用，该研究院采用了财务软件公司的部门管理模块，使用部门核算和管理可以核算管理费用的开支情况，它以费用项目为中心进行核算管理。这样不但便于操作，而且速度快，账表有任意选择格式，并且可以得到部门收支统计分析表，使每项费用及各部门收入与支出一目了然。

要求：

（1）列出传统会计科目体系，然后将费用项目从科目体系中剥离出来，重新建立新的会计科目体系。

（2）根据你所学的知识，并结合具体软件的学习体会，设计出部门核算和管理的具体步骤。

（3）给出部门总账、明细账示例。

二、理论题答案

（一）单选题

1. C 2. B 3. A 4. D 5. A 6. D 7. C 8. B 9. A 10. C

(二) 多选题

1. ABD 2. BC 3. ABD 4. ABD 5. BCD

(三) 判断题

1. × 2. √ 3. √ 4. × 5. √ 6. × 7. √ 8. × 9. ×

(四) 简答题

(略)

(五) 案例题

(略)

项目五 报表子系统

一、理论题

(一) 单项选择题

1. 新建一张空白报表, 窗口底部的状态为 (   )。

   A. 数据   B. 单元   C. 格式   D. 输入

2. UFO 报表计算公式的账务取数函数公式中, 不可缺省的项目有 (   )

   A. 会计科目   B. 账套号   C. 会计年度   D. 辅助核算

3. UFO 报表系统默认的扩展名是 (   )。

   A. XLS   B. REP   C. ERP   D. DOC

4. 表页汇总是把整个报表的数据进行 (   ) 的叠加。

   A. 平面方向   B. 立体方向   C. 数据透视   D. 舍位平衡

5. 在实际工作中, 有些报表的格式和公式是固定模式的, 不能修改, 这时可使用 UFO 的 (   ) 功能

   A. 格式加锁   B. 关键字   C. 设置单元类型 D. 设置边框样式

6. 下列 (   ) 不是 UFO 报表系统中的公式。

   A. 舍位平衡公式 B. 计算公式   C. 审核公式   D. 汇总公式

7. UFO 报表中, 可用 (   ) 唯一标志一个表页。

   A. 特殊公式   B. 表元   C. 固定区   D. 关键字

8. 在 UFO 报表中, 要想对各个表页的数据进行比较, 可以利用 (   ) 功能把多账表页的数据显示在一个平面上。

   A. 数据透视   B. 数据汇总   C. 数据采集   D. 表页排序

9. 报表系统的 (   ) 是指:结构相同, 数据不同的两张报表经过简单叠加生成一张新表的功能。

   A. 报表维护功能   B. 报表汇总功能
   C. 报表分析功能   D. 合并报表功能

10. 有关会计软件本身配备的表处理系统叙述不正确的有 (   )。

    A. 可以直接从账务系统中提取数据以生成相应的统计图

    B. 可以直接从账务系统中提取数据以生成财务报表

    C. 提供了种类丰富的专用函数

D. 不能进行财务分析

11. （　　）是报表数据之间关系的检查公式。
   A. 报表运算公式　　　　　　　B. 报表舍位平衡公式
   C. 报表审核公式　　　　　　　D. 表达式

12. 会计报表软件中报表项目包括（　　）。
   A. 表头内容、关键字、表尾项目
   B. 表头内容、表体项目、表尾项目
   C. 表头内容、表体项目、关键字
   D. 关键字、表体项目、表尾项

（二）多选题

1. 报表中的关键字主要有六种，下列属于关键字项目的有（　　）。
   A. 账套　　　B. 季　　　C. 日　　　D. 单位名称

2. 下列哪些工作是在报表的数据状态下进行的（　　）。
   A. 录入关键字计算结果　　　B. 定义报表公式
   C. 舍位平衡计算　　　　　　D. 设定表单元属性

3. 下列单元或单元区域表示正确的是（　　）。
   A. F9：B6　　B. 7E　　C. K12　　D. A3：J8

4. 可能引起报表数据错误的原因有（　　）。
   A. 计算公式错误　B. 未账套初始　C. 审核公式错误　D. 未画表格线

5. 报表数据处理主要包括（　　）等工作。
   A. 生成报表数据　　　　　　B. 审核报表数据
   C. 舍位平衡操作　　　　　　D. 插入、追加表页

（三）判断题

1. 设置和输入报表的关键字都在数据状态下进行。（　　）
2. 报表名称是报表的惟一内部标识，因而不能重复。（　　）
3. 审核公式在格式状态下编辑，在数据状态下执行审核公式。（　　）
4. UFO报表中，报表数据处理不一定在"数据"状态下进行。（　　）
5. 单元公式在输入时，凡是涉及到数学符号的，均需输入英文半角字符。（　　）

（四）简答题

1. 如何制作一个UFO报表？
2. 与传统手工报表编制方式相比，UFO处理报表具有哪些优势？

（五）案例题

某百货公司下设商品部，商品部又要细分为商品柜，每天的销售业务都是根据各类商品进行归集，因此每天上报的凭证数量多达几百张。如果要依靠手工将这些凭证录入到商店账务系统，则不仅耗时耗力，而且出错率会很高。

商店领导决定采用财务软件进行核算，与用友软件公司合作。用友公司综合考虑企业的实际情况和UFO强大功能后，给出了采用UFO的二次开发功能，来实现商场凭证到商店凭证的转化方案。以UFO为核心，实现商店、商场、商品部、商品柜的全面核算。

要求：

1. 日常凭证汇总上报。将商场上报的汇总凭证合商店自身业务产生的记账凭证汇总到一起。

2. 流程详细描述。

借助总账系统的凭证汇总功能，对当天凭证进行汇总，并将其导出成 MDB 数据库；

在 UFO 表中生成将要上报的凭证；将报表中的凭证导出，生成总账工具能接收的 TXT 文本；在总账系统中，借助总账工具，将 TXT 文本导入凭证文件。

二、理论题答案

（一）单项选择题

1. C　2. A　3. B　4. B　5. A　6. D　7. D　8. A　9. B　10. D　11. C　12. B

（二）多项选择题

1. BCD　2. AC　3. CD　4. ABC　5. ABCD

（三）判断题

1. ×　2. ×　3. √　4. ×　5. ×

（四）简答题

（略）

（五）案例题

（略）

项目六　薪资子系统

一、理论题

（一）选择题

1. 设置工资项目属于薪资系统（　　）。

　A. 数据维护　　　B. 日常业务处理　　　C. 系统初始化　　　D. 期末业务处理

2. 若企业采用现金形式发放工资，为了找零方便，软件设置了（　　）功能。

　A. 银行代发　　　B. 扣零设置　　　C. 工资分摊　　　D. 月末清零

3. 薪资业务子系统向总账传递凭证，是通过（　　）功能实现的。

　A. 工资变动表　　　B. 工资分摊　　　C. 数据维护　　　D. 统计分析

（二）判断题

1. 薪资管理系统可以通过分摊功能向总账传递凭证。（　　）

2. 在薪资管理子系统中，每月只能有一张工资变动表处理职工工资数据。（　　）

3. 在多个工资类别中，部门档案的设置与单个工资类别相同。（　　）

4. 在多个工资类别中，项目档案的设置与单个工资类别相同。（　　）

5. "选项"只能在关闭工资类别的状态下设置。（　　）

6. 若多个工资类别，在月末处理时，需分别结账。（　　）

7. 工资月末结账在总账之后，取消结账不受总账的影响。（　　）

（三）简答题

1. 简要说明薪资管理子系统的主要功能结构。

2. 薪资管理子系统中单个工资类别与多个工资类别的应用范围。

3. 对比单个工资类别与多个工资类别初始化设置的区别。

4. 工资分摊的作用与设置。

5. 简要说明人员类别与工资分摊的联系及对其影响。

（四）案例题

从企业人力资源管理的需要出发讨论分析：

1. 目前的薪资管理子系统存在哪些问题和不足？

2. 建立一个能满足企业人力资源管理的系统在理论上需要解决哪些问题？

3. 一个理想的人力资源管理系统应该具有什么样的功能结构？

二、理论题答案

（一）单选题

1. C   2. B   3. B

（二）判断题

1. √   2. ×   3. ×   4. ×   5. ×   6. √   7. ×

（三）简答题

（略）

（四）案例题

（略）

项目七　固定资产子系统

一、理论题

（一）选择题

1. 固定资产子系统中，固定资产及累计折旧的期初明细数据应该通过（　　）功能录入。

　　A. 原始卡片　　　B. 资产增加　　　C. 资产减少　　　D. 期初余额

2. 固定资产子系统与下面（　　）业务子系统是双向传递关系。

　　A. 工资子系统　　B. 账务子系统　　C. 报表子系统　　C. 成本子系统

3. 下列关于计提折旧描述不正确的是（　　）。

　　A. 只有在本月执行资产减少功能之后，才能计提本月折旧。

　　B. 计提折旧一个月只能执行一次。

　　C. 计提折旧后，可以立即查看折旧清单，也可以后查看。

　　D. 关于折旧分配的凭证可以立即生成，也可以期末通过批量制单生成。

4. 下列关于固定资产查询描述不正确的是（　　）。

　　A. 原始卡片数据可在卡片管理中查看。

　　B. 资产增加数据可在卡片管理中查看。

　　C. 资产减少数据可在卡片管理中查看。

　　D. 变动单数据可在卡片管理中查看。

5. 固定资产由系统自动编码时，其采用的是（　　）方式。

　　A. 顺序码　　　　B. 区间顺序码　　C. 群码　　　　　D. 间隔顺序码

（二）判断题

1. 固定资产子系统可以通过凭证的方式向总账传递数据，也可以不传递。他们是相互联系又相对独立的。（ ）

2. 固定资产子系统折旧分配凭证的科目与初始设置的"部门对应折旧科目"有关。（ ）

3. 在固定资产子系统中，同一固定资产可以被单部门使用也可以被多部门使用。（ ）

4. 当期减少的固定资产可以立即删除。（ ）

5. 当期增加的固定资产可以通过原始卡片录入。（ ）

6. 不论原始卡片还是本期新增加卡片，都在本期提取折旧。（ ）

7. 折旧与对账处理一月只能进行一次。（ ）

8. 固定资产子系统与总账系统对账不受总账系统记账状态的影响。（ ）

（三）简答题

1. 简述固定资产子系统的主要功能。

2. 固定资产子系统与账务系统的联系。

3. 期初数据与日常数据在软件中如何处理？

4. 软件提供的制单方式有哪几种？分别说明。

5. 您对"是否与总账对账"如何理解。

6. 固定资产子系统提供了多角度报表查询功能，请简要说明。

（四）案例题

某大学拥有的固定资产情况如下：

名称	数量	计量单位	部门
教学楼	2	栋	后勤
办公楼	1	栋	后勤
学生公寓	3	栋	后勤
教师宿舍楼	6	栋	后勤
食堂	3	栋	后勤
客车	3	辆	车队
面包车	4	辆	车队
轿车	5	辆	车队
计算机	150	台	电教中心

分析：

1. 从固定资产的所属部门、用途、种类、折旧的归属等因素考虑如何对固定资产进行编码？

2. 固定资产卡片应当如何设置？

3. 折旧应当如何计算？

二、理论题答案

（一）选择题

1. A 2. B 3. B 4. D 5. C

（二）判断题

1. √ 2. √ 3. √ 4. × 5. × 6. × 7. × 8. ×

（三）简答题

（略）

（四）案例题

（略）

附录三

实训操作练习

请按下列案例资料和实训要求，进行系统管理、总账、报表、薪资、固定资产管理等各子系统的综合实操演练。

实训一　系统管理

1. 增加操作员

表1　操作员信息

编号	姓名	所属部门
001	孙健	财务部
002	王明	财务部
003	马丽	财务部

要求：以系统管理员（admin）身份登录"系统管理"，增加操作员信息。

2. 创建账套

要求：请按下列企业信息，进行账套的建立。

（1）账套信息

账套号：600；单位名称：山西科源有限公司；单位简称：山西科源；主营业务：电子产品批发零售；单位地址：太原市千峰南路106号；法人代表：王翔宇；邮政编码：030024；联系电话：03517225053；税号140105751201080；会计启用期：2019.6.1；会计期间：6月1日—12月31日；记账本位币：人民币；企业类型：工业；行业性质：2007年新会计制度；账套主管：孙健；是否按行业性质预置科目：是。

（2）分类信息

存货、客户、供应商无分类核算，该企业无外币核算。

（3）编码方案

科目编码级次：4222；客户和供应商分类编码均为：223；其余采用系统默认值。

（4）数据精度

全部采用系统默认值2位。

（5）启用系统

启用总账子系统，启用日期为2019年6月1日。

3. 权限分配

要求：请按下表信息，在"系统管理"中对"600山西科源有限公司"的操作员进行权限的分配。

表2　操作员权限

编号	姓名	岗位	职责
001	孙健	账套主管	账套的所有权限
002	王明	总账会计	除"恢复记账前状态"的所有总账权限；薪资管理所有权限；固定资产管理所有权限
003	马丽	出纳	出纳签字及出纳的所有权限

4. 输出（备份）账套

要求：在资源管理器中新建文件夹"山西科源"，将"600山西科源有限公司"账套备份到此文件夹中，并将该账套在备份的同时从系统中删除。

5. 引入（恢复）账套

要求：将备份的"600山西科源有限公司"账套数据恢复到系统中。

6. 修改账套

要求：以账套主管身份登录系统管理，将账套的基础信息修改为：存货分类、客户分类、供应商分类，并有外币核算。

实训二　基础设置

要求：根据下列案例资料，对山西科源有限公司进行基础档案录入。

1. 机构人员

（1）部门档案

表3　部门档案

部门编码	部门名称	负责人
1	综合部	李坤泽
101	经理办公室	李坤泽
102	财务部	孙健
2	市场部	赵研
3	开发部	李强

(2) 人员类别

人员类别将"正式工"分为：管理人员、销售人员、开发人员。

(3) 人员档案

表4　在职的职员档案及期初余额

职员编号	职员名称	性别	所属部门	人员类别	方向	期初余额
101	李坤泽	男	经理办公室	管理人员	借	5000.00
102	孙健	男	财务部	管理人员		
103	王明	男	财务部	管理人员		
104	马丽	女	财务部	管理人员		
201	赵研	男	市场部	销售人员		
202	宋佳	女	市场部	销售人员		
301	李强	男	开发部	管理人员		
302	王朋	男	开发部	开发人员		
303	白容	女	开发部	开发人员		

2. 客商信息

表5　供应商分类

分类编码	分类名称
01	工业
02	商业
03	事业

表6　供应商档案

编号	供应商名称	简称	所属分类码	方向	期初余额	备注
02001	北京万科有限公司	北京万科	02	贷	116 000.00	2019-04-08（转字5号）
02002	山西恒力有限公司	山西恒力	02	贷	58 000.00	2019-05-12（转字9号）

表7　客户分类

分类编码	分类名称
01	长期客户
02	中期客户
03	短期客户

表8　客户档案

客户编号	客户名称	客户简称	所属分类码	方向	期初余额	备注
01001	华信科技有限公司	华信科技	01	借	56 000.00	2019-04-30（转字10号）赵研销售商品

续表

客户编号	客户名称	客户简称	所属分类码	方向	期初余额	备注
02001	晨光商贸有限公司	晨光商贸	02	借	42 600.00	2019-05-03（转字3号）赵研销售商品
03001	山西宏力有限公司	山西宏力	03	借	38 000.00	2019-05-20（转字16号）宋佳销售商品

3. 外币设置

币种：美元；币符：$；固定汇率：1∶6.4

4. 会计科目

表9　山西科源2019年6月会计科目及余额表简表

科目名称	辅助核算要求	方向	币别	期初余额
库存现金 1001	指定科目、日记账	借		8 750.00
银行存款 1002	指定科目、日记账、银行账	借		259 480.89
工行存款 100201	指定科目、日记账、银行账	借		259 480.89
中行存款 100202	指定科目、日记账、银行账	借	美元	
应收账款 1122	客户往来	借		136 600.00
坏账准备 1231		贷		7 800.00
其他应收款 1221	个人往来	借		5 000.00
库存商品 1405		借		192 000.00
多媒体教程 140501	数量金额	借		122 000.00
		借	册	3 050.00
多媒体课件 140502	数量金额	借		70 000.00
		借	套	2 800.00
固定资产 1601		借		600 000.00
累计折旧 1602		贷		72 268.97
无形资产 1701		借		131 000.00
短期借款 2001		贷		200 000.00
应付账款 2202	供应商往来	贷		174 000.00
应付职工薪酬 2211		贷		66 120
应付工资 221101		贷		58 000
应付福利费 221102		贷		8 120
工会经费 221103		贷		
应交税费 2221		贷		-14 000.00
应交增值税 222101		贷		
进项税额 22210101				
销项税额 22210102		贷		
未交增值税 222102		贷		-14 000.00

续表

科目名称	辅助核算要求	方向	币别	期初余额
其他应付款 2241		贷		26 600.00
实收资本 4001		贷		600 000.00
本年利润 4103		贷		
利润分配 4104		贷		
未分配利润 410407		贷		216 850.00
生产成本 5001	项目核算	借		16 808.08
直接材料 500101	项目核算	借		4 155.78
直接工资 500102	项目核算	借		9 021.00
间接费用 500103	项目核算	借		3 631.30
制造费用 5101		借		
工资费用 510101		借		
福利费 510102		借		
工会经费 510103		借		
折旧 510104		借		
主营业务收入 6001		贷		
多媒体教程 600101	数量金额	贷	册	
多媒体课件 600102	数量金额	贷	套	
主营业务成本 6401		借		
多媒体教程 640101	数量金额	借	册	
多媒体课件 640102	数量金额	借	套	
销售费用 6601		借		
工资费用 660101		借		
福利费 660102		借		
工会经费 660103		借		
折旧 660104		借		
广告费 660105		借		
管理费用 6602		借		
工资费用 660201	部门核算	借		
福利费 660202	部门核算	借		
工会经费 660203	部门核算	借		
办公费用 660204	部门核算	借		
折旧 660205	部门核算	借		
其他费用 660206	部门核算	借		
财务费用 6603		借		
利息支出 660301		借		
其他 660302		借		

5. 凭证类别

表 10　凭证类别

类别字	类别名称	限制类型	限制科目
收	收款凭证	借方必有	1001，1002
付	付款凭证	贷方必有	1001，1002
转	转账凭证	凭证必无	1001，1002

6. 结算方式

表 11　结算方式

结算方式编码	结算方式名称	票据管理标志
1	支票	是
101	现金支票	是
102	转账支票	是
9	其他	

7. 项目目录

项目级次为 2-2。

表 12　项目目录

项目大类	项目小类	项目目录	方向	期初余额	备注
产品成本类	编码：01 名称：自行开发项目	A1 软件	借	直接材料 4155.78 直接工资 9021.00 制造费用 3631.30	未结算
		A2 软件	借	直接材料 直接工资 制造费用	未结算
	编码：02 名称：委托开发项目	W1 网络工具	借		已结算

实训三　总账子系统、报表子系统

1. 初始设置

按下列要求进行总账选项参数设置：
出纳凭证必须由出纳签字；不能修改、作废他人填制凭证；其他采用系统默认。

2. 期初余额录入

要求：依据表 4、表 6、表 8、表 9、表 12 的期初余额信息，录入山西科源有限公司

2019年6月的期初余额,并进行试算平衡。

3. 总账子系统日常业务处理

假定该企业2019年6月共发生以下经济业务:

(1) 6月2日,财务部马丽从工行提取现金10 000元作为备用金。(现金支票号为XJ 2 012)。

借:库存现金 10 000
　　贷:银行存款——工行存款 10 000

(2) 6月3日,收到华信科技的转账支票1张(票号ZZ 2 131),金额为42 600元,用以归还前欠款。

借:银行存款——工行存款 42 600
　　贷:应收账款 42 600

(3) 6月6日,李坤泽出差归来,报销差旅费5 000元。

借:管理费用——其他费用 5 000
　　贷:其他应收款 5 000

(4) 6月9日,市场部宋佳向晨光商贸销售多媒体教程1 000册,开出的增值税专用发票注明销售单价为56元,增值税税率13%,款项尚未收到。

借:应收账款 63 280
　　贷:主营业务收入——多媒体教程 56 000
　　　　应交税费——应交增值税——销项税额 7 280

(5) 6月10日,委托银行代发上月职工工资58 000元(转账支票票号ZZ 5 192)。

借:应付职工薪酬——应付工资 58 000
　　贷:银行存款——工行存款 58 000

(6) 6月16日,市场部赵研向北京万科购入多媒体课件200套,取得的增值税专用发票上注明货款单价为25元,增值税税率为13%,款项暂欠,商品已验收入库。

借:库存商品——多媒体课件 5 000
　　应交税费——应交增值税——进项税额 650
　　贷:应付账款 5 650

(7) 6月20日,收到集美集团投资款100 000美元。

借:银行存款——中行存款 640 000
　　贷:实收资本 640 000

(8) 6月23日,经理办公室支付业务招待费2 000元(转账支票票号ZZ 5 231)

借:管理费用——其他费用 2 000
　　贷:银行存款——工行存款 2 000

(9) 6月23日,支付广告费5 000元。(转账支票票号ZZ 5 243)

借:销售费用——广告费 5 000
　　贷:银行存款——工行存款 5 000

(10) 6月25日,分配本月工资费用。

借:管理费用——工资费用(经理办公室) 8 000
　　管理费用——工资费用(财务部) 14 870

销售费用——工资费用（市场部）　　　　　　　　　　　　　14 004
　　制造费用——工资费用（开发部）　　　　　　　　　　　　　12 105
　　生产成本——直接工资（A1软件）　　　　　　　　　　　　　9 021
　　　贷：应付职工薪酬——应付工资　　　　　　　　　　　　58 000

要求：（1）由制单人员登录总账子系统，完成上述经济业务记账凭证的编制；
　　　（2）由出纳人员对相关凭证进行审核及出纳签字；
　　　（3）由审核人员进行凭证审核；
　　　（4）由制单人员红字冲销付字第1号凭证；
　　　（5）将刚生成的红字凭证进行作废和删除；
　　　（6）由记账人员将所有凭证进行记账处理；查询所有记账凭证。
　　　（7）6月30号，收到工商银行发来的银行对账单，如表13所示，出纳人员根据对账单和企业银行日记账进行银行对账。

表13 银行对账单

2019 年		摘要	结算号	借	贷	方向	余额
月	日						
6	1	期初余额				贷	259 480.89
	2	提现	XJ2012	10 000			
	5	收到华信科技欠款	ZZ2131		42 600		
	12	发放工资	ZZ5192	58 000			
	23	支付业务招待费	ZZ5231	2 000			
	30	支付水电费		600			
	30	期末余额					231 480.89

4. 总账子系统期末处理

要求：

（1）6月30日，利用自动转账功能，完成计提本月职工福利费（管理费用按部门进行辅助核算）的转账定义并自动相应生成凭证：

　　借：管理费用——福利费（经理办公室）　　　　　　　　　　1 120
　　　　管理费用——福利费（财务部）　　　　　　　　　　　2 081.8
　　　　销售费用——福利费（市场部）　　　　　　　　　　　1 960.56
　　　　制造费用——福利费（开发部）　　　　　　　　　　　1 694.7
　　　　生产成本——直接工资（A1软件）　　　　　　　　　　1 262.94
　　　　　贷：应付职工薪酬——应付福利费　　　　　　　　　　8 120

（2）进行销售成本结转定义，并自动生成相应结转凭证：

　　借：主营业务成本——多媒体教程　　　　　　　　　　　　40 000
　　　　贷：库存商品——多媒体教程　　　　　　　　　　　　40 000

（3）月末，美元的调整汇率为6.35，利用转账定义中的汇兑损益功能，进行汇兑损益定义并自动生成相应转账凭证：

　　借：财务费用——利息支出　　　　　　　　　　　　　　　　500

　　　　贷：银行存款——中行存款　　　　　　　　　　　　　　　　500
（4）进行本月期间损益结转定义，并自动生成相应损益结转凭证：
1）收入类科目结转
借：主营业务收入——多媒体教程　　　　　　　　　　　　56 000
　　贷：本年利润　　　　　　　　　　　　　　　　　　　　56 000
2）费用类科目结转
借：本年利润　　　　　　　　　　　　　　　　　　　　94 536.36
　　贷：主营业务成本——多媒体教程　　　　　　　　　　40 000
　　　　管理费用——工资费用　　　　　　　　　　　　　9 120
　　　　　　　　　——工资费用　　　　　　　　　　　　16 951.8
　　　　　　　　　——其他费用　　　　　　　　　　　　7 000
　　　　销售费用——广告费　　　　　　　　　　　　　　5 000
　　　　　　　　　——工资费用　　　　　　　　　　　　15 964.56
　　　　财务费用——利息支出　　　　　　　　　　　　　500
（5）进行对账、月末结账

5. 编制资产负债表和利润表

要求：利用报表模板，编制山西科源有限公司 2019 年 6 月的资产负债表和利润表。

实训四　薪资管理子系统

单个工资类别：

请根据下列案例资料，对北京宏达有限公司进行总账子系统与薪资管理子系统集成使用的实操演练。

1. 根据下列信息进行账套的建立，同时启用总账子系统和薪资管理子系统，企业基本信息资料如下：

（1）账套信息

账套号：001；单位名称：北京宏达有限公司，会计启用期：2019.01.01；会计期间：1 月 1 日-12 月 31 日；记账本位币：人民币；企业类型：工业；行业性质：2007 年新会计制度科目；账套主管：刘辉；按行业性质预置科目；存货、客户、供应商均无分类，无外币核算；科目编码级次：4-2-2-2，其余采用系统默认值；启用总账、薪资管理子系统，启用日期均为 2019 年 1 月 1 日。

（2）操作员及权限

表 14　操作员及权限分配表

编号	姓名	岗位	权限
001	刘辉	账套主管	该账套的所有权限
002	王方	会计	总账及薪资管理所有权限

(3) 部门档案

表 15　部门档案

部门编码	部门名称	负责人
1	综合部	101 梁文
101	总经理办公室	101 梁文
102	财务部	102 刘辉
2	销售部	201 李亮
3	开发部	301 张岩

(4) 开户银行

中国工商银行，账号定长 11 位，自动带出账号长度为 8 位。

(5) 人员类别

正式工人员类别分为：经理人员、管理人员、经营人员、开发人员。

(6) 人员档案

表 16　人员档案

人员编码	职员名称	性别	部门名称	人员类别	账号
101	梁文	男	总经理办公室	经理人员	62220090001
102	刘辉	男	财务部	经理人员	62220090002
103	乔丽	女	财务部	管理人员	62220090003
201	李亮	男	销售部	经理人员	62220090004
202	宋佳	女	销售部	经营人员	62220090005
301	张岩	男	开发部	经理人员	62220090006
302	孟力	男	开发部	开发人员	62220090007
303	许哲	男	开发部	开发人员	62220090008

(7) 增加会计科目

表 17　会计科目

管理费用（6602）	工资（660201）	总经理办公室（66020101）
		财务部（66020102）
	工会经费（660202）	总经理办公室（66020201）
		财务部（66020202）
销售费用（6601）	工资（660101）	
	工会经费（660102）	
制造费用（5101）	工资（510101）	
	工会经费（510102）	
生产成本（5001）	薪酬（500102）	

续表

管理费用（6602）	工资（660201）	总经理办公室（66020101）
		财务部（66020102）
	工会经费（660202）	总经理办公室（66020201）
		财务部（66020202）
应付职工薪酬（2211）	工资（221101）	
	工会经费（221102）	

2. 建立薪资账套，设置业务控制参数

要求：以王方的身份登录企业应用平台，为北京宏达有限公司建立薪资账套，进行业务控制参数设置。设置业务控制参数为：工资类别个数：单个；要求代扣个人所得税；不进行扣零处理；人员编码长度为3位。

3. 薪资子系统基础设置

（1）增加人员附加信息：技术职称、学历

（2）增加工资项目，信息如下：

表18　工资项目

项目名称	类型	长度	小数位数	工资增减项
基本工资	数字	8	2	增项
岗位工资	数字	8	2	增项
交补	数字	8	2	增项
奖金	数字	8	2	增项
应发合计	数字	10	2	增项
请假扣款	数字	8	2	减项
养老保险金	数字	8	2	减项
扣款合计	数字	10	2	减项
实发合计	数字	10	2	增项
请假天数	数字	8	0	其他

（3）设置工资计算公式

1）请假扣款＝请假天数×50

2）养老保险金＝（基本工资+岗位工资）×0.05

3）交通补助：人员类别为经理人员的交通补助为300元，其余人员为100元

（4）将公共基础设置中的职员档案批量增加到信息管理系统的人员档案中。

4. 薪资管理子系统的日常处理

（1）初始工资数据录入

要求：根据工资情况表，如表19，对北京宏达有限公司的初始工资数据进行录入。

表19 工资表

姓名	基本工资	岗位工资
梁文	5 000	4 000
刘辉	3 000	2 400
乔丽	2 000	1 600
李亮	3 000	2 400
宋佳	2 000	1 600
张岩	3 000	2 400
孟力	2 000	1 600
许哲	2 000	1 600

（2）工资变动处理

要求：按以下变动情况，进行本月工资变动处理。

1）考勤情况：宋佳请假2天，许哲请假1天。

2）因本月销售业绩较好，销售部每人发放奖金500元。该数据通过公式定义生成

3）招聘李力到开发部工作，其基本工资为2 000元，无岗位工资，交通补助、养老保险金的管理遵从其他人员。李力资料如下：编号：304；性别：女；类别：开发人员；代发工资银行账号：62220090009。

（3）工资分摊设置

要求：对北京宏达有限公司2019年1月的薪资进行工资分摊设置，其信息如下：

（1）工资分摊计提基数以工资表中的"应付工资"为准。

（2）分摊设置如表20所示。

表20 工资分摊表

部门	工资		工会经费（2%）	
	借	贷	借	贷
总经理办公室	66020101	221101	66020201	221102
财务部：经理人员	66020102	221101	66020202	221102
管理人员	66020102	221101	66020202	221102
销售部：经理人员	660101	221101	660102	221102
经营人员	660101	221101	660102	221102
开发部：经理人员	510101	221101	510102	221102
开发人员	500102	221101	500102	221102

（4）凭证生成

要求：在薪资管理系统中，根据工资分摊设置生成相应凭证。

5. 期末处理

要求：对该系统进行月末处理。将"奖金"、"请假扣款"、"请假天数"选择为清零项目。

多个工资类别：

请根据下列案例资料，对山西晨景有限公司进行多个工资类别的实操演练。

要求：参照已存账套（北京宏达有限公司），新建山西晨景有限公司账套。

（1）账套信息

账套号：002；单位名称：山西晨景有限公司，会计启用期：2019.07.01；会计期间：7月1日-12月31日；其余建账信息和操作员及权限与北京宏达有限公司一致。启用总账、薪资管理子系统，启用日期均为2019年7月1日。

（2）基础设置

在已有的基本信息基础上再增加下列信息：

①部门档案增加：保安部（编号：4）

②人员档案增加，如表21所示：

表21　新增人员档案

编号	人员名称	性别	部门名称	人员类别	账号
203	刘青	男	销售部	经营人员	62220080001
401	江海	男	保安部	保安人员	62220080002

③增加会计科目：

管理费用——工资——保安部（66020103）

管理费用——工会经费 v 保安部（66020203）

（3）业务控制参数设置

该工资套的工资类别个数为：多个；核算币种：人民币；要求代扣个人所得税；不扣零设置；人员编码长度为3。

（4）工资类别初始设置

该账套包括两个工资类别：

①正式人员

同北京宏达有限公司中单个工资类别。

②临时人员

部门设置：销售部、保安部

人员档案：刘青、江海

工资项目：基本工资、绩效工资

（5）日常业务操作

①正式人员

正式人员日常业务同北京宏达有限公司单个工资类别。

②临时人员

临时人员7月的工资情况如表22所示：

表22　临时人员工资情况

姓名	基本工资	岗位工资
刘青	3000	300

229

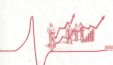

续表

姓名	基本工资	岗位工资
江海	3000	300

工资分摊（临时工）：

表23　临时人员工资分摊

部门	工资		工会经费（2%）	
	借	贷	借	贷
销售部：经营人员	660101	221101	660102	221102
保安部：保安人员	66020103	221101	66020203	221102

（6）月末处理

分别对两个工资类别进行月末结账。

实训五　固定资产管理子系统

沿用薪资管理子系统多个工资类别案例资料，启用固定资产管理子系统，对山西晨景有限公司账套进行实操演练。

1. 启用固定资产管理子系统

企业名称：山西晨景有限公司；账套号：002，启用固定资产管理子系统，启用时间仍为2019年7月1日。并授予操作员王力（002）固定资产的所有权限。

2. 建立固定资产账套

要求：为山西晨景有限公司建立固定资产账套，其业务控制参数如下：

按平均年限法（一）计提折旧；折旧分配周期为1个月；类别编码方式为2112。固定资产的编码方式按"类别编码+部门编码+序号"自动编码；卡片序号长度：3。已注销的卡片5年后删除；当（月初已计提月份＝可使用月份－1）时，要求将剩余折旧全部提足。固定资产对账科目：1601固定资产；累计折旧对账科目：1602累计折旧；在对账不平的情况下允许月末结账。

3. 固定资产账套基础设置

（1）参数设置

要求：完成下列固定资产账套参数设置：业务发生后立即制单；月末结账前一定要完成制单登账业务；固定资产缺省入账科目：1601固定资产；累计折旧缺省入账科目：1602累计折旧；减值准备缺省入账科目：1603固定资产减值准备；增值税进行税额缺省入账科目：22210101进项税额；固定资产清理缺省入账科目：1606固定资产清理。

（2）科目设置

根据下列表格内容，进行部门及对应折旧科目的设置。

表24 部门及对应折旧科目

部门	对应折旧科目
1 综合部	管理费用——折旧（660203）
101 总经理办公室	管理费用——折旧（660203）
102 财务部	管理费用——折旧（660203）
2 市场部	销售费用——折旧（660103）
3 开发部	制造费用——折旧（510103）

（3）资产类别设置

按照下列资料，进行资产类别的设置：

表25 资产类别一览表

编码	类别名称	单位	计提属性
01	房屋及建筑物	栋	正常计提
011	生产经营用房屋及建筑物	栋	正常计提
012	非生产经营用房屋及建筑物	栋	正常计提
02	交通运输设备	辆	正常计提
021	生产经营用交通运输设备	辆	正常计提
022	非生产经营用交通运输设备	辆	正常计提
03	电子设备及其他通讯设备	台	正常计提
031	生产经营用电子及通讯设备	台	正常计提
032	非生产经营用电子及通讯设备	台	正常计提

（4）增减方式设置

按照下列资料，进行固定资产增减方式的设置：

表26 增减方式设置（系统提供的常用增减方式）

增减方式目录	对应入账科目
增加方式	
在建工程转入	1604，在建工程
直接购入	1002，银行存款
接受投资	4001，实收资本
盘盈	1901，待处理财产损益
减少方式	
销售	1606，固定资产清理
报废、毁损	1606，固定资产清理
盘亏	1901，待处理财产损益

4. 录入原始卡片

按要求，录入下列原始卡片信息。

表 27 原始卡片一览表

名称	类别	部门	增加方式	使用年限	开始使用	原值	累计折旧	对应折旧科目
奔驰轿车	022	总经理办公室	直接购入	10	2015-10-1	450 000	156 420	管理费用——折旧
丰田客车	021	销售部	直接购入	10	2015-12-1	250 000	82 950	销售费用——折旧
金杯货车	021	销售部、开发部	直接购入	10	2016-4-1	120 000	36 024	销售费用——折旧 制造费用——折旧
微软电脑	032	财务部	直接购入	5	2017-11-1	29 000	8 705.8	管理费用——折旧
传真机	032	财务部	直接购入	5	2018-2-1	3 500	884.8	管理费用——折旧
联想电脑	031	开发部	直接购入	5	2015-10-1	8 000	5 561.6	制造费用——折旧
联想电脑	031	开发部	直接购入	5	2017-5-1	6 500	2 567.5	制造费用——折旧

说明：

·净残值率均为 5%，使用状况均为"在用"，折旧方法采用平均年限法（一），卡片项目与卡片样式采用软件的标准设定。

·金杯货车是多部门使用，使用部门为销售部和开发部，使用比例为销售部 80%，开发部 20%。

5. 日常业务处理

（1）固定资产增减变动

要求：按下列业务信息，进行固定资产增加变动操作并生成相应凭证。

1）2019.7.3，销售部购入一台扫描仪，款已通过转账支票支付，取得的增值税专用发票上注明，不含税价为 4000 元，增值税率 13%，价税合计款项为 4520 元。净残值率为 5%，可使用年限为 5 年。

2）2019.7.20，00006 号卡片登记的联想电脑毁损，清理过程中未发生其他费用。

3）2019.7.23，由于工作需要，从财务部调拨一台传真机（卡片编号 0005）到销售部。

（2）固定资产折旧

月末进行固定资产折旧的计提，并生成相应凭证。

6. 期末处理

对本账套 2019 年 7 月固定资产进行月末结账处理。

参考文献

[1] 财政部. 企业会计准则（2006）[M]. 北京：经济科学出版社，2006.
[2] 安玉琴，李爱红. 会计电算化[M]. 2版. 上海：华东师范大学出版社，2015.
[3] 辛茂荀. 会计信息化[M]. 北京：经济科学出版社，2003.
[4] 安玉琴，李友. 会计电算化[M]. 北京：北京师范大学出版社，2011.
[5] 牛永芹，刘大斌，喻竹. ERP财务管理系统实训教程（U8V10.1版）[M]. 北京：高等教育出版社，2015.
[6] 牛永芹，扬琴，程四明. ERP财务业务一体化综合实训（U8V10.1版）[M]. 北京：高等教育出版社，2016.

参考文献

[1] 田爱国. 会计信息化[M]. 北京: 经济科学出版社, 2006.
[2] 毛元根, 姜宏. 会计电算化[M]. 2版. 上海: 上海财经大学出版社, 2015.
[3] 邓传洲. 会计信息化[M]. 北京: 经济科学出版社, 2003.
[4] 张玉森. 会计电算化[M]. 北京: 北京师范大学出版社, 2011.
[5] 刘永泽, 刘云霞, 等. ERP环境下的会计实训教程(金蝶 K/3 版)[M]. 2版. 北京: 清华大学出版社, 2015.
[6] 王新华, 郭卉, 等. 新编用友 ERP 财务管理系统实训教程(U8/10.1 版)[M]. 2版. 北京: 高等教育出版社, 2016.